Iftach Ben Aharon

Die Sprache der Schwelle

Die Sprache der Schwelle

Perspektiven der Gegenwart

Iftach Ben Aharon

Aus dem Hebräischen von Yoav Sapir

VERLAG AM GOETHEANUM

Der Verlag am Goetheanum im Internet:
www.goetheanum-verlag.ch

2. Auflage 2026

Bevollmächtigter in der EU im Sinne des Artikels 16 Absatz 1 der Verordnung zur allgemeinen Produktsicherheit GPSR:
ATHENA Verlag e.K., Mellinghofer Straße 126,
D-46047 Oberhausen, info@athena-verlag.de

Die hebräische Erstausgabe erschien im Jahr 2021
im Koll Verlag, Tel Aviv
Übersetzung: Yoav Sapir
Lektorat: Matthias Maurer
Coverabbildung: Ausschnitt eines Gemäldes von Marva Ben Aharon
Satz: ATHENA Verlagsdienstleistungen, Oberhausen
Umschlag: Wolfram Schildt, Berlin
Druck und Bindung: Druckhaus Bechstein, Wetzlar

ISBN (Print) 978-3-7235-1729-1
ISBN (E-Book) 978-3-7235-1836-6

Inhalt

Das Überschreiten der Schwelle in unserer Zeit

1. Konstituierendes Geschehen

Das Gebiet des Hüters der Schwelle

Die Menschheit unserer Zeit überschreitet die Schwelle, sagt Rudolf Steiner – ein rätselhaftes Ereignis, das mit der sogenannten «Wiederkunft des Christus im Ätherischen» zusammenhängt, deren Beginn er auf das Jahr 1933 festlegt. Dieses transformative Ereignis, sagte er, wird tiefgreifende Folgen für die darauffolgenden Jahrhunderte haben.[1] Vom Blickpunkt des dritten Jahrzehntes des 21. Jahrhunderts aus können wir sagen: Wir befinden uns mitten in diesem Prozess. Was bedeutet das? Es bedeutet, dass ein konstituierendes Geschehen stattfindet, das wie ein Kompass eine Richtung vorgibt. Jede Frage, die wir heutzutage ernsthaft stellen wollen – nach der Erziehung, der Kunst, dem sozialen Zusammenleben, der inneren Entwicklung, der Natur und der Beziehung zur Natur, der Sprache usw. –, jede dieser Fragen muss angesichts des Schwellenübergangs neu gestellt werden, will sagen: im Lichte des Schwellenüberganges, in dem wir uns heute befinden. Hierzu ruft die Anthroposophie auf, hierzu fühlt sie sich auch berufen.

Um das Einzelne zu verstehen, müssen wir das große Ganze wahrnehmen. Im Hinblick auf den Zeitenlauf bedeutet das, dass die Gegenwart, in der wir leben, nur aus einer breiten Perspektive verstanden werden kann. Mit anderen Worten: Um die Biographie eines Menschen zu einem bestimmten Zeitpunkt im Laufe seines Lebens zu verstehen, müssen wir eine Perspektive der Entwicklung im Rahmen seines ganzen biographischen Prozesses einnehmen. Ähnliches gilt für die Menschheit schlechthin, die wir uns in breiten historischen Zusammenhängen anschauen sollen. Für diese Erweiterung

1 Siehe z. B.: Rudolf Steiner, Das Ereignis der Christus-Erscheinung in der ätherischen Welt, GA 118, Vortrag vom 25.1.1910, Dornach 1984, S. 25.

des Blickwinkels müssen wir Ansätze entwickeln, sozusagen Schlüssel, die uns ein Verständnis der Gegenwart ermöglichen werden.

Und ist es nicht so, dass die Fortbewegung der Zeit zugleich auch die Entstehungsbewegung meines eigenen Seins bildet? Was wir normalerweise «Geschichte» nennen, ist im erweiterten Sinne die Karmabiographie eines jeden Menschen. Wir können also sagen, dass eine kulturhistorische Betrachtung erst dann wirklich fruchtbar, d. h. transformativ wird, wenn ich mir selbst sage: Auch die Geschichte bin ich; auch sie stellt einen realen Aspekt meines eigenen Seins dar.

Um also das Geschehen unserer Zeit, den Schwellenübertritt, verstehen zu können, bedarf es einer Betrachtung von einem näheren Standpunkt aus, der mit dem Entwicklungsprozess der letzten Jahrhunderte zusammenhängt. Ab dem 15. Jahrhundert beginnt die Menschheit, in sich die Bewusstseinsseele zu entwickeln. Die ersten Phasen dieser Kulturepoche – die Renaissance, die wissenschaftliche und industrielle Revolution – haben sich bereits vollzogen. Das Ich erwacht nun in der Bewusstseinsseele in Verbindung mit Fragen nach Wahlfreiheit und Handlungsfreiheit. Das sind emanzipatorische, befreiende Prozesse. Wenn der Mensch mit wissenschaftlichen Mitteln die Natur erforscht, ohne sich dabei weiterhin auf die Tradition bzw. das eine oder andere Dogma zu stützen, beginnt sich etwas in ihm zu befreien. So auch auf dem Gebiet der Philosophie: Wenn Descartes das «Cogito» als einen stabilen Stützpunkt innerhalb seiner Forschungstätigkeit entdeckt, legt er damit ein Fundament für die Entwicklung der Bewusstseinsseele. Während die Naturwissenschaften den Blick nach außen richten, um eine vorurteilsfreie, sinnesorientierte Forschung zu begründen, richtet Descartes sein Augenmerk nach innen, um einen zweifelsfreien Stützpunkt des Bewusstseins zu finden. Die Bewusstseinsseele entwickelt sich und der Mensch versucht, aus sich selbst heraus die Dinge zu verstehen.

In der Forschungssphäre ist es der Impuls, der die Grundlage für die moderne Wissenschaft bildet. In der Sphäre des Lebens selbst führt dieser Trieb zum Willen, alles eigenmächtig festzulegen. Woran glaube ich? Was ist meine Weltanschauung? Mit wem lebe ich? Wo bin ich zugehörig? Was ist mein Beruf? All diese Ebenen waren früher in vielerlei Hinsicht traditions- und brauchtumsabhängig. Die Menschen selbst hatten keinen Anteil an der Gestaltung ihres Glaubens bzw. ihres Berufs, bei der Wahl ihrer Lebenspartner usw. Heutzutage, in der Epoche der Bewusstseinsseele, beginnt es sich, in diesen Bereichen, allmählich zu verändern.

Das sind die ersten Phasen der Epoche der Bewusstseinsseele. Sie bergen einen befreienden Impuls in sich, aber in dieser Befreiung steckt auch ein Element der Zerstörung. Beim Erwachen des individualistischen Elements entstehen Risse in den alten Formen von Gemeinschaft und Glauben. In einem Vortrag aus dem Jahre 1920 weist uns Steiner auf eine der zentralen Fragen unserer Zeit hin. Er spricht hier nach dem Ersten Weltkrieg und aus der Perspektive der enormen Zerstörung in Europa:

> Die großen Konflikte, welche die furchtbaren Katastrophen der letzten Jahre hervorgerufen haben, sie haben einen großen Teil der Erde schon in ein Kulturtrümmerfeld verwandelt. Weitere Konflikte werden folgen. Die Menschen bereiten sich vor zu dem nächsten großen Weltkriege. In weiterer Weise wird die Kultur zertrümmert werden. Aus dem, was gerade der neueren Menschheit sich als das Wertvollste für Erkenntnis und Wollen ergeben hat, aus dem wird unmittelbar nichts zu gewinnen sein. Das äußere Erdendasein, insoferne es ein Ergebnis früherer Zeiten ist, es wird vergehen, und ganz vergeblich hoffen diejenigen, welche glauben, die alten Denk- und Willensgewohnheiten fortsetzen zu können. Was heraufkommen muß, das ist ein neues Erkennen und ein neues Wollen auf allen Gebieten. Wir müssen uns bekanntmachen mit dem Gedanken des Hingehens einer Kultur, einer Zivilisation; aber wir müssen hineinschauen in das menschliche Herz, in den Geist, der in dem Menschen wohnt. Wir müssen Vertrauen haben

zu diesem Menschenherzen und zu diesem Menschengeiste, die in uns wohnen, damit durch alles das, was wir tun können innerhalb der Zertrümmerung der alten Zivilisation, neue Gebilde entstehen, wirkliche Neugebilde entstehen.
Diese Neugebilde werden nicht entstehen, wenn wir uns nicht dazu bequemen, wirklich ernsthaftig ins Auge zu fassen, was für die Menschheit notwendigerweise geschehen muß. Lesen Sie nach in meinem Buche «Wie erlangt man Erkenntnisse der höheren Welten?». Dort ist Ihnen geschildert, wie der Mensch, wenn er zu den höheren Erkenntnissen gelangen will, zuerst sich ein Verständnis entwickeln muß für das, was man die Begegnung mit dem Hüter der Schwelle nennt. Da ist darauf hingewiesen, wie diese Begegnung mit dem Hüter der Schwelle bedeutet, daß Wollen, Fühlen, Denken sich trennen in einer gewissen Weise, daß eine Dreiheit aus der menschlichen chaotischen Einheit entstehen muß. Dieses Verständnis, das für den Schüler der geistigen Wissenschaft sich eröffnen muß, indem ihm klar wird, was der Hüter der Schwelle ist, dieses Verständnis muß sich der ganzen neueren Menschheit in bezug auf den Zivilisationsgang eröffnen. Wenn auch nicht für das äußere Bewußtsein, für die inneren Erlebnisse geht die Menschheit durch das Gebiet durch, das man auch als ein Gebiet des Hüters der Schwelle bezeichnen kann.[2]

Die Menschheit als Ganzes überschreitet die Schwelle. Steiner sieht dieses Überschreiten als das konstituierende Geschehen unserer Zeit an. Um dieses Geschehen vollständig verstehen zu können, müssen wir auf das Parallelgeschehen beim Einzelnen schauen, wie in dem Buch «Wie erlangt man Erkenntnisse der höheren Welten?»,[3] in welchem Steiner eine Trennung der drei Seelentätigkeiten – Denken, Fühlen und Wollen – als ein für den Schwellenübergang erforderliches Vorbereitungsstadium beschreibt. Was früher die Sphäre des Denkens, die

---

2 Vgl. Rudolf Steiner, Der Mensch im Zusammenhang mit dem Kosmos, GA 202, Vortrag vom 25.12.1920, Dornach 1993, S. 256.

3 Rudolf Steiner, Wie erlangt man Erkenntnisse der höheren Welten?, GA 10, Dornach 1990.

Sphäre des Fühlens und die Sphäre des Willens zusammengehalten hat, jene Fäden, die alle zu einem Ganzen verbunden haben, beginnt sich aufzulösen. Das gewöhnliche Seelenleben des Menschen zeichnet sich durch eine Spannung aus, nämlich die Spannung zwischen instinktiver Harmonie und einem chaotischen Verhältnis der drei zueinander. Wenn auch Gedanken, Triebe und Gefühle sich im gewöhnlichen Seelenleben gegenseitig durchdringen, bleiben sie jedoch in instinktiver Harmonie zusammengehalten. Wenn man über etwas nachdenkt, was einem bedeutungsvoll ist, reagiert das Gefühl so, dass ein Willensimpuls entsteht und den Gedanken in die Tat umsetzt. Dieser Ablauf entspricht dem «normalen», gesunden Zustand des Menschen. Jedoch gilt es zu beachten, dass die Handlung in diesem «Zustand» nahezu automatisch, fast instinktiv erfolgt.

In dem Buch «Wie erlangt man Erkenntnisse der höheren Welten?» beschreibt Steiner, wie bestimmte Wesen für den Menschen diesen gewohnten Zusammenhang von Denken, Fühlen und Wollen aufrechterhalten und ihn durch Erziehung, Tradition und verschiedene soziale wie auch kulturelle Zusammenhänge gestalten. Diese Einflüsse dringen bis in die Gestaltung der leiblichen Sphäre ein. Im Lebensleib, dem Leib der Gewohnheiten, gibt es Muster, die unter der Schwelle des Bewusstseins wirken und für uns unsere seelische Einheit tragen.

Die Aufteilung der Dreiheit der Seele

Was geschieht, wenn die Fäden, die alle drei Tätigkeiten der Seele miteinander verbunden haben, anfangen, sich aufzulösen? Einerseits finden wir, dass der Mensch ohne diese Teilung der Tätigkeiten nicht das Tiefenwesen seines Seins als Menschen-Welten-Wesen erfahren kann. Denn jene chaotische Dreiheit der Seele ist es, die ihn als eine Art Seelenkapsel umschließt, deren rohe Form vor der Teilung als Persönlichkeit beschrieben werden kann. Georg Goelzer beschreibt sie als eine Art Ei, ein Verstandes- und Gemütsseelenei, das sich bei der Entwicklung um das wahre Zentrum der Ichheit des Menschen herumbilde.[4] Diese umhüllende Persönlichkeit hält uns zusammen, schützt uns, verdeckt jedoch zugleich unser Bewusstsein. Der Mensch erlebt sich selbst als Persönlichkeit auf der irdischen Ebene; er kennt sich in der Welt aus, kennt ihre physischen und sozialen Gesetze. Doch gerade diese schützende Hülle trennt ihn von der tiefen Wirklichkeit der Welt. Der Mensch erlebt sich innerhalb der Ausschließlichkeit seiner irdischen Person. Damit der Mensch mit seinem Bewusstsein in das Sein des Geistes vordringen, sich selbst als Welten-Menschen-Wesen erleben kann, muss er die Fäden der Dreiheit der Seele lösen, vor seinem inneren Auge die verdeckende Maske (Persona) ablegen.[5]

Wenn aber jene chaotische und schützende Einheit der Seele sich nun durch die esoterische Übung auflöst, wird der Mensch einer Gefahr ausgesetzt. Die instinktive Balance zwischen Denken, Fühlen und Wollen wird unterminiert. Jede dieser seelischen Tätigkeiten kann ins Extreme geraten: Durch den Verlust der Balance zwischen den drei Aktivitäten der Seele kann ein Mensch, dessen seelischer Mittelpunkt im Denken liegt, zu einem kalten, extremistischen Rationalisten werden und die lebendige Beziehung zu seinen Mitmenschen und zur Welt verlieren. Ein Mensch, der eher zum Willen tendiert, kann gewalttätig, zu einer Art Bulldozer werden. Ein Mensch, dessen seelischer Ausgangspunkt das Fühlen ist, kann sentimental, schwach und unterwürfig werden. Sobald sich die den Menschen zusammenhaltenden äußerlichen Fäden lösen, tauchen seelische Vereinseitigungen auf, die sich wie Tumore in verschiedene Richtungen ausbreiten.

---

4 Vgl. Georg Goelzer, Der kristallene Strom, Der grüne Vogel, Dornach 2000, S. 145–150.

5 Etymologisch geht «Person» auf das Griechische «πρόσωπον/prosopon», auch im Sinne von «Maske», zurück.

Da die allgemeine Kulturtendenz der Zeit der Bewusstseinsseele mit einer Überbewertung der Bewusstseinssphäre einhergeht, treten auffällige Phänomene wie die der «Bildschirmkultur» auf, wohl eine unmittelbare Folge der oben beschriebenen Trennung. Der Bildschirm stellt eine Art Projektion der Bewusstseinssphäre dar. Der im Bildschirm widergespiegelte Andere wird nicht mehr als ein ganzes Sein mit Denken, Fühlen und Wollen erfahren, sondern als Bild, d.h. als reiner Bewusstseinsinhalt.[6] Das Bildschirmbewusstsein trennt den Menschen von der ganzheitlichen Erfahrung seines eigenen Wesens. Er lebt als Kopf vor sich hin, als Nervensystem, ausschließlich als Wahrnehmungswesen. Wer sich nicht als Ganzes aus Denken, Fühlen und Wollen erfährt, kann nicht den Anderen als ein reales Du erfahren. Der Andere wird zu einem Bild – mit teilweise schwerwiegenden Folgen in der Willens- und moralischen Sphäre.

Die Lösung der Fäden führt folglich zu einem Chaos im Seelenleben, weil er von der «Persona» nicht mehr eingedämmt wird. Das bis dahin von unsichtbaren Fäden zusammengehaltene Chaos entfaltet sich. Konkret bedeutet das, dass man an etwas denken, dabei etwas anderes fühlen und wiederum etwas anderes tun kann. Die verbindliche Beziehung der drei Seelenelemente zueinander gerät aus den Fugen. Darum müssen wir, sagt Steiner in Bezug auf genau dieses Phänomen, bewusst alle drei seelischen Tätigkeiten und die Verbindungen zwischen ihnen stärken. Dies ist Thema jener Vorbereitungsprozesse auf dem inneren Schulungsweg, zu welchen auch die «sechs Nebenübungen» gehören. **Wir müssen die drei Seelentätigkeiten intensiv stärken, damit wir sie, wenn die Dissoziation eintritt, aus dem Mittelpunkt unseres eigenen Wesens wieder herstellen können.** Der innere Schulungsweg soll uns

---

6 Jean Baudrillard meint diesen Zustand, wenn er über «Simulacra» spricht. Die Vorstellung wird realer als das, was sie repräsentiert. Siehe Jean Baudrillard, Simulacres et Simulation, Paris 1981.

darauf vorbereiten, dass wir uns selbst aus dem Mittelpunkt unserer Ich-Tätigkeit führen können.

Allerdings lösen sich bei der Teilung der seelischen Dreiheit nicht nur die drei seelischen Tätigkeiten auf, sondern auch das Ich, das sich nun erstmals vollumfänglich als Menschen-Welten-Wesen erfahren kann. Aus der Perspektive der Tätigkeit des so freigewordenen Ich kann jene Dreiheit der Seele nun erstmals als eine einheitliche Wesensdreifaltigkeit, als ein einziger Herzschlag erscheinen, dem das Ich zugrunde liegt. Das Denken führt mit seiner strahlend ausdehnenden, lichtartigen Bewegung aus dem Mittelpunkt des eigenen Seins in den universellen Umkreis des Seins. – Verstehen in diesem Sinne bedeutet, eine universelle Essenz individuell zu erfassen. Das Wollen bringt sich hingegen aus dem universellen Umkreis kommend, sich verdichtend in den Mittelpunkt des individuellen Wesens zurück. – Tun bedeutet in diesem Sinne, aus dem allgemeinen Umkreis heraus individuell zu handeln. Und das Fühlen zeigt sich in seiner Wirklichkeit als individuell erlebtes, als umwandelnder Mittelpunkt in pulsierender Bewegung. Das Ich muss sich als ein allumfassendes Mittelpunkt-Umkreis-Wesen begründen.[7]

Daraus geht hervor, dass der Schwellenübergang in erster Linie ein Überschreiten einer inneren Schwelle ist: Von einem persönlichen, irdischen Bewusstsein mit einem Bewusstseinsdualismus – «Ich bin hier und Du bist dort» – hin zu einem Bewusstsein, das dem Menschen ermöglicht, den Anderen als Ich und das Ich als den Anderen zu begreifen. Es handelt sich hier essenziell um ein Bewusstsein jenseits der Schwelle. Wir überschreiten die Schwelle auf dem Weg aus der persönlich-irdischen Sphäre zurück in die Sphäre des Kosmisch-Geistigen.

Was will uns Steiner mit dem obigen Zitat also sagen? Was der Einzelne in einem bestimmten Stadium seiner inneren Entwicklung durchmacht, erfährt jetzt die Menschheit als Gan-

7 Goelzer, Der kristallene Strom (siehe Anm. 4), S. 130.

zes. Die Menschheit durchquert «das Gebiet des Hüters der Schwelle»; die Abgründe öffnen sich und alte Formen brechen zusammen. Es lösen sich die sozialen Grundstrukturen, die die Menschen miteinander verbinden, und die kulturellen Grundlagen, die die Menschheit jahrhunderte-, jahrtausendelang getragen haben, immer weiter auf. Für das, was früher aus der Massenträgheit der Tradition heraus getan wurde, muss nun jeder einzelne Mensch verantwortlich werden.

Die Begriffe von Gut und Böse, welche die Menschheit getragen haben, nutzen sich zusehends ab. Alte Moralauffassungen brechen zusammen und wir finden uns immer mehr in ohnmächtigen Situationen. Dies verlangt vom Menschen, sich selbst einen neuen Stützpunkt für sein Handeln zu geben. Wir sollen verstehen, dass gemeinsames Leben in der Zukunft nur durch bewusste Prozesse von Veränderung und Umwandlung auf den drei grundlegenden Ebenen menschlichen Seelenlebens möglich sein wird: im Denken, im Fühlen und im Wollen.

Die beiden Schwellen

Es gibt eine andere Schwelle, die urzeitlich überschritten wurde, als die Menschheit von der geistigen in die irdische Sphäre abgestiegen ist. In den ersten beiden Kulturepochen, der sogenannten indischen und der persischen Epoche, lebte der Mensch noch im geistigen Bewusstsein des Umkreises. Im antiken Indien wurde die physisch-sinnliche Welt noch als «Maja» erfahren, als Trugbild. Für den damaligen Inder war «Maja» die Göttin des verzauberten Bildes. Was galt damals noch als Wirklichkeit? Der Ort, aus dem wir gekommen waren, die geistige Heimat, die in bestimmten Bewusstseinszuständen noch erfahren werden konnte. Während der zweiten, d.h. persischen Kulturepoche baute der Mensch eine Beziehung zur Erde auf. Es entwickelte sich eine landwirtschaftliche Kultur, die auf der geistigen Kenntnis der Natur beruhte; gegen Ende dieser Kultur empfanden die Menschen bereits, wie der «Schleier des Maja» ihr Bewusstsein umhüllte und sie vom Sein des Geistes trennte. Eine Schwelle wurde überschritten: Die Menschen verloren ihr Bewusstsein für den Umkreis, den sie in den ersten beiden Kulturepochen noch erlebt hatten. Die Welt des Geistes ging dem menschlichen Bewusstsein großteils verloren.

Dieser Prozess der Geistverdunkelung schritt auf dem Weg in die dritte Epoche, der ägyptisch-mesopotamischen, weiter voran. Doch das, was vom geistigen Standpunkt aus eine **Verdunkelung** bedeutete, wird vom irdischen Bewusstsein als **Erwachen** erfahren. Osiris, der Schöpfergott im ägyptischen Mythos, wurde von Seth in Stücke gerissen. Der Mensch erlebte, wie das Geistige, das ihn bisher getragen hatte, zersplittert, sich auflöst und wie er sich dadurch die Welt zunehmend sinnlich erschließt. Das Umkreisbewusstsein versinkt, Osiris wird zerrissen, und Isis, die Göttin der Weisheit, die aus menschlicher Sicht mit der Denktätigkeit verwandt ist, wandert umher; sie sammelt die Teile ein und versucht, sie wieder zu einem ganzheitlichen Bild zusammenzusetzen. In dieser Phase erwachte die Tätigkeit des Denkens im Menschen, und zwar mit der Aufgabe, die Teile des zerrissenen Seins wieder zu einem zusammenhängenden Ganzen zusammenzufügen. So wurde in Ägypten erstmals die Wissenschaft geboren. Es fand ein Erwachen des Bewusstseins durch die Begegnung mit der irdischen Welt statt.

Zwei Schwellen sind es, über die die Menschheit schritt: Die erste wurde gegen Ende der zweiten (persischen) Kulturepoche und zur beginnenden ägyptisch-mesopotamischen Epoche überschritten. Hier beginnt das «Kali-Yuga», um mit traditionell indischen Begriffen zu sprechen. «Kali» ist die Göttin der Dunkelheit. «Yuga» bedeutet Zeitalter. Nach der indischen Tradition beginnt das Kali-Yuga mit dem Tode Krishnas. Krishnas Aufgabe ist es, die Menschheit auf den Abstieg in die irdische Sphäre vorzubereiten. Kurz vor dem Schwellenübergang stattet Krishna die Menschheit mit der geistigen Lehre aus, die ihr erlaubt, auch auf der Reise über die verdunkelte Erde den Faden geistiger Kenntnis in der Hand zu halten.[8] Die Menschheit steigt nunmehr in die Welt der Dunkelheit ab und verliert den Kontakt zur geistigen Welt des Lichtes. Wir können uns diese Bewegung als eine konzentrische Sammelbewegung vom Kreisumfang des Seins in den Mittelpunkt des eigenen Wesens vorstellen. Dieses Wesen taucht in die irdische Sphäre ein, um ein eigenständiges Mittelpunktwesen zu werden, und zwar auf einer Stufe, die ihm durch ein unabhängiges Bewusstsein einen Rückweg in die Sphäre des geistigen Kreisumfangs ermöglicht. Steiner datiert den Beginn des Kali-Yuga auf das Jahr 3101 v. u. Z. und dessen Ende auf das Jahr 1899 n. u. Z. Am Ende des 19. Jahrhunderts wird die Schwelle erneut überschritten. Die Menschheit kann sich nunmehr wieder nach und nach für die unmittelbare Auffassung des Geistes öffnen.

Im großen Pulsschlag des Blutkreislaufs gibt es einen kurzen Augenblick, in dem das Blut im Herzen eingeschlossen wird, um danach in den allgemeinen Fluss des Blutkreislaufs zurückzukehren. Dies ist ein Augenblick des Erwachens. Das Kali-Yuga bildet insofern eine Art großen Einschluss, in dessen Verlauf die Menschheit durch Verdichtung und Konzentration des Seins **ein Erwachen zum Selbstbewusstsein** erreichen kann. Aus diesem Einschluss entsteht Selbstbewusstsein durch eine immer intensivere Begegnung und Auseinandersetzung mit den vom Materiellen festgelegten Grenzen. Dieser Zug erreicht in den letzten Jahrhunderten, vom 15. bis Ende des 19. Jahrhunderts, einen gewissen Höhepunkt. Diese Verdichtung des Bewusstseins führt zur Reifung eines Selbstbewusstseins, das kulturell in der Entwicklung der modernen Philosophie und Wissenschaft in Erscheinung tritt. Das einst geschlossene Tor kann sich nun wieder öffnen. Aus den neuen Fertigkeiten, die bei der Begegnung mit der Materie entstanden sind, kann

8 Vgl. Rudolf Steiner, Die okkulten Grundlagen der Bhagavad Gita, GA 146, Vortrag vom 29.5.1913, Dornach 1992, S. 33.

heutzutage eine neue Öffnung zum Geist hervorgehen. Die erste Schwelle bedeutete den Verlust des Umkreises und die Suche nach dem Mittelpunkt. Die zweite Schwelle hingegen bedeutet die Möglichkeit einer neuen Erfahrung des Umkreises, diesmal jedoch aus dem erwachten Mittelpunkt des Menschen.

Das Golgatha-Ereignis

Im Gesamtüberblick über die sich zwischen den beiden Schwellen erstreckende Zeit können wir etwas wahrnehmen, was für die Entwicklung des Menschen und der Welt gleichermaßen von zentraler Bedeutung ist. An einem bestimmten Punkt im Laufe der vierten, griechisch-lateinischen Kulturepoche, in der nichtsymmetrischen Mitte des Kali-Yuga, wird ein neuer Impuls gelegt. Das große Sonnenwesen, von den alten Persern «Ahura Mazda» genannt, verlegt den Mittelpunkt seiner Tätigkeit von der Sonne auf die Erde. Das Sonnenelement, das bislang aus dem Umkreis der Erde wirksam gewesen ist, kann sich nunmehr als der aktive Mittelpunkt des menschlichen Ich verkörpern. Dies ist von größter Bedeutung für das Verständnis des Entwicklungsprozesses im Allgemeinen und des Schwellenübergangs unserer Zeit im Besonderen. Durch das «Stirb und Werde»-Ereignis von Golgatha, bei dem die materielle Endlichkeit überschritten und verwandelt wird, liegt ein Wendepunkt, ein Samen, der den erneuten Aufstieg und letztendlich den Schwellenübergang unserer Zeit ermöglicht.

Der erste Teil des Kali-Yuga intensiviert den Abstieg in die Welt der irdischen Endlichkeit und führt zu einer Seins- und Bewusstseinsspaltung im Verhältnis des Menschen zur Welt. Durch das Ereignis von Golgatha, diesen Wendepunkt, den Steiner auch als «das Geschehen der Zeitenwende» bezeichnet, entsteht die Möglichkeit zum Durchbruch der Endlichkeitserfahrung in beide Richtungen. Nach innen ist es die Überwindung der Auffassung des menschlichen Ich nur als

Persönlichkeit; nach außen geht es um die Überwindung der Auffassung des Realen als nur materiell. **Durch den Christus-Impuls wird der Samen einer neuen Ich-Erfahrung des Menschen als Menschen-Welten-Wesen gelegt.**

Dieser neue Impuls wird gerade dann gegeben, als sich die Menschheit in einer eher irdischen Zeit befindet; zunächst wird er nur als Samen gelegt und ist noch kaum begreiflich für das allgemeine Menschenbewusstsein. Allerdings wirkt er unterschwellig im Laufe der Jahrhunderte und Jahrtausende weiter und dringt allmählich in das Bewusstseins- und Gefühlsleben der Menschen ein.

Eine der tiefgründigen Bedeutungen des Schwellenübergangs in unserer Zeit besteht darin, dass das, **was früher** – historisch gesehen unter der Führung des Römischen Reichs – **als Samen gesät wurde, nun erstmals direkt ins Bewusstsein emporsteigen kann.** Durch das Ereignis des Schwellenübergangs kann das Christus-Wesen erstmals direkt als das eigentliche Sein des Ich begriffen werden. Dies bedeutet eine umfassende Transformation menschlicher Erfahrung und menschlichen Denkens. Darum können wir, im Sinne Georg Goelzers, von der «Wiederkunft des Christus im Ätherischen» und dem Schwellenübergang als zwei Aspekten ein und desselben Geschehens sprechen.[9]

Zwei Hüter der Schwelle

Nach Steiner überschreitet die Menschheit «das Gebiet des Hüters der Schwelle». Die große Frage, die sich in diesem kritischen Augenblick stellt, ist: Was wird gegenüber dem ernsthaften Blick des Hüters die Schwelle überschreiten? Was aus der Gesamtheit unserer Handlungen weist bereits jenes neue Bewusstsein auf, das sie als einen transformativen Samen in die Zukunft tragen wird? Diese Frage stellt sich dem einzelnen Menschen wie auch Gruppen. Sie stellt sich für die gesamte

9 Georg Goelzer, Feuerzunge, Der grüne Vogel, Dornach 1999, S. 11.

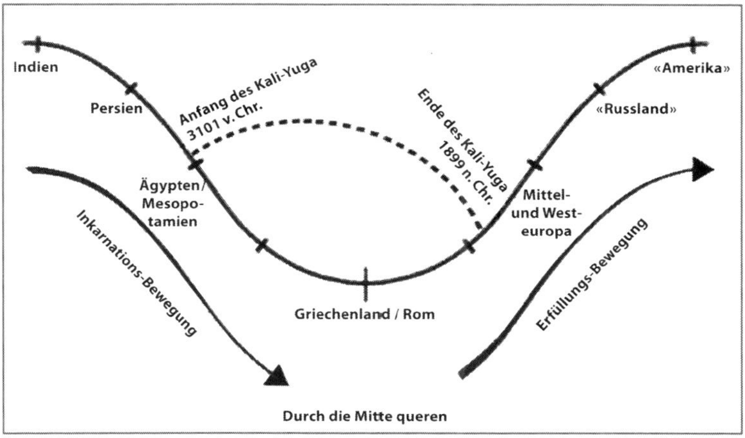

Abbildung 1

Kulturtätigkeit unserer Zeit. Doch gerade mit dem Schwellenübergang, wenn sich dem menschlichen Bewusstsein eine neue Erfahrungs- und Bewusstseinssphäre eröffnet – verdichtet sich auch das Widerstandselement. Es öffnet sich ein Abgrund.

Betrachten wir die Gegenwart, so zeigen sich zwei entgegengesetzte Tendenzen: Die eine enthält Anzeichen eines neuen Bewusstseins; die andere ist eine deutliche Neigung zum kulturellen Abstieg. Der Materialismus, der im 19. Jahrhundert seinen Bewusstseinshöhepunkt, einen für die menschliche Entwicklung notwendigen Höhepunkt erreicht hat, ist dort nicht stehengeblieben. Das unerlässliche Erwachen des Menschen durch die Begegnung mit der Materie ist erreicht worden und von nun an kann sich der Mensch erneut dem Geist zuwenden, und zwar dank derselben Fertigkeiten und Fähigkeiten, derselben Klarheit des Bewusstseins, die der Mensch auf seiner irdischen Reise für sich gewonnen hat. Er soll also nicht weiter absteigen – in die Erde, in die Materie. Der weitere Abstieg wäre darum von einem bewusstseins-, moral- und erfahrungsmäßigen Blickwinkel aus gesehen ein Abstieg in den «Abgrund», um die Sprache der Apokalypse zu verwenden. Mit anderen Worten: Gerade in diesem Augenblick, wenn sich die Möglichkeit zum Aufstieg zeigt, erscheint an ihrer Seite auch die Möglichkeit, noch tiefer abzusteigen.

Wenn wir es aus der Vogelperspektive betrachten und Nebenaspekte minimieren, können wir drei Möglichkeiten bzw. Wege nennen, die der heutigen Menschheit zur Wahl stehen: Erstens, in das trennende irdische Element weiter abzusteigen, sich der Verhärtung auszuliefern. Dies ist die ahrimanische Tendenz. Zweitens, angesichts der Abstiegserfahrung zu versuchen, zu einem identifizierbaren Punkt zurückzukehren und in der Vergangenheit nach Sicherheit und Antworten zu suchen. Dies ist die luziferische Tendenz, die in der romantischen Suche nach einer Beziehung zu Gott ohne die umwandelnde Überquerung des Mittelpunktes besteht. Und drittens der Mittelweg, der die anderen Alternativen in sich birgt, und zwar mit dem Ziel, durch die Tätigkeit der Umwandlung wieder aufzusteigen und voranzukommen. Zum Zusammenhang dieses aufsteigenden Weges mit der Frage nach dem Schwellenübergang in unserer Zeit sagt Steiner:

> Die neuere Menschheit überschreitet eine Schwelle, an der ein bedeutsamer Hüter steht, ein ernster Hüter. Und dieser ernste Hüter spricht vor allen Dingen das aus: Bleibet nicht hängen an dem, was sich heraufverpflanzt hat aus den alten Zeiten. Sehet in eure Herzen, sehet in eure Seelen, daß ihr Neugebilde schaffen könnet! Diese Neugebilde könnet ihr nur schaffen, wenn ihr den Glauben habt, daß aus der geistigen Welt heraus die Erkenntniskräfte und die Willenskräfte zu diesem geistigen Neuschaffen kommen können. – Was dem einzelnen Menschen beim Betreten der höheren Erkenntniswelten ein besonders intensives Ereignis sein muß, gewissermaßen unbewußt geht es für die ganze Menschheit in der Gegenwart vor sich. Und diejenigen, die sich zusammengeschlossen haben als anthroposophische Gemeinschaft, sie sollten einsehen, daß es zum Notwendigsten in der Gegenwart gehört, die

> Menschen zum Verständnis dieses Durchgehens durch das Schwellengebiet zu bringen.[10]

Wer ist nun dieser Schwellenhüter, der der Menschheit auf der Schwelle der geistigen Welten begegnet? In dem Buch *Wie erlangt man Erkenntnisse der höheren Welten?* spricht Steiner eigentlich über zwei Schwellenhüter – den kleinen und den großen. Der erste, kleine Schwellenhüter zeigt dem Menschen alles, was in ihm noch nicht umgewandelt worden ist, nämlich die Schattenseiten seines eigenen Wesens, verkörpert in einer schrecklichen, verzerrten Gestalt. Der Mensch steht vor dem kleinen Schwellenhüter und erfährt die Gestalt seiner eigenen Vergangenheit. Er muss in dieser Gegenüberstellung vor sich selbst Mut aufbringen und die Verantwortung für seine eigene Entwicklung annehmen, damit er sich weiterhin gesund entwickeln und in die geistige Sphäre hineinwachsen kann. Der kleine Schwellenhüter lässt den Menschen nicht die Schwelle überschreiten, bis dieser ein gewisses Niveau von Reinheit und Umwandlung erreicht hat.

Bezieht sich der kleine Schwellenhüter auf die Vergangenheit des Menschen, so trägt der große Schwellenhüter für den Menschen dessen zukünftige Gestalt. Er erscheint als eine erhabene Lichtfigur, die den Menschen darauf hinweist, nicht nur für seine eigene Entwicklung, sondern auch für das Weltgeschehen, für die anderen Menschen verantwortlich zu sein. Der große Schwellenhüter hängt nach Steiner mit dem Christus-Wesen zusammen.[11] Das heißt: Die Begegnung mit dem großen Schwellenhüter ist in Wahrheit eine Begegnung mit dem «Ich bin»-Wesen als dem Christus-Sein im Menschen. Das Wesen der Liebe weist den Menschen auf das Geheimnis der Vervollständigung seines Wesens im Anderen.

---

10 Steiner, Der Mensch im Zusammenhang mit dem Kosmos (siehe Anm. 2), S. 256.

11 Rudolf Steiner, Die Geheimwissenschaft im Umriß, GA 13, Dornach 1989, S. 394.

Doch was bedeutet es, dass die Menschheit als Gesamtheit die Schwelle überschreitet? Sie begegnet dem, was in den unbewussten Tiefen ihres Wesens lebt. Steiner verwendet in diesem Zusammenhang den Begriff «Apokalypse», die im Griechischen «Enthüllung» bzw. «Entschleierung» bedeutet: Der Schleier der «Maja» wird entfernt und nun kann sich zeigen, was bislang hinter dem irdischen Vorhang des persönlichen Bewusstseins verborgen lag: Das Erhabenste sowie sein Gegenteil; das Schattenwesen der Menschheit steigt aus dem Abgrund empor. Dies ist also das große Drama unserer Zeit. Einen gewissen ersten Höhepunkt erreicht dieses Drama rund um die tragischen Geschehnisse der dreißiger und vierziger Jahre des letzten Jahrhunderts. **Aus dem Schwellenübergang heraus kann Christus als Träger des Zukunftssamens der Menschheit sich in Gestalt des großen Schwellenhüters der Menschheit in der ätherischen Sphäre zeigen.** Dies ist die Essenz des Wiederkunftsereignisses. Neue Möglichkeiten der Erfahrung und der Erkenntnis entstehen für die Menschheit seit den Dreißigerjahren des 20. Jahrhunderts. Es entsteht die Möglichkeit, das «Ich-Bin»-Sein zu erleben, und zwar als Grundlage kreativen Schaffens in der sozialen sowie individuellen Sphäre zugleich. Währenddessen muss die Menschheit in jenen Jahren ihr eigenes Schattenwesen bewältigen; erschüttert vor dem kleinen Schwellenhüter zu stehen, der ihr die nicht umgewandelten Überbleibsel ihrer eigenen Vergangenheit zeigt wie ein schreckliches Spiegelbild. Um den Willen Christi auf Erden zu verwirklichen, haben wir zuerst die volle Verantwortung zu übernehmen, und zwar für alle nicht umgewandelten Elemente unseres Wesens.

2. Innen-Außen-Beziehungen im kulturellen Entwicklungsstrom

Die grundlegende Dreigliederung des Kulturlebens

Wie entsteht die Entwicklungsspannung, die uns dazu bringt, uns auf den Weg, auf die Suche zu machen? Steiner schreibt hierüber im zweiten Kapitel seiner «Philosophie der Freiheit».[12] Im Mittelpunkt dieses Kapitels stehen die Fragen: Was treibt den Menschen an, wissen zu wollen, und was sind die Bedingungen, die eine Frage entstehen lassen? Steiner weist auf eine einfache Tatsache hin, die jeder Mensch zu jedem Zeitpunkt selbst erfahren kann, nämlich auf den gewissen Abstand, der zwischen uns und der Welt besteht. Wenn man irgendein Phänomen betrachtet – sei es ein Naturphänomen, eine Kulturerscheinung oder ein Geschehen im eigenen Seelenleben –, kann man wahrnehmen, dass man immer nur einen Teil erfährt, nie das Ganze. Um das Ganze zu erreichen, muss sich der Mensch anstrengen, die Gesamtheit des Phänomens erfahren zu können. Mit anderen Worten: Der menschliche Zustand – geradezu in unserer Zeit – beruht auf einem gewissen Abstand zwischen ihm und der Welt:

> Diese Scheidewand zwischen uns und der Welt errichten wir, sobald das Bewußtsein in uns aufleuchtet. Aber niemals verlieren wir das Gefühl, daß wir doch zur Welt gehören, daß ein Band besteht, das uns mit ihr verbindet, daß wir nicht ein Wesen außerhalb, sondern innerhalb des Universums sind.[13]

Wir empfinden uns selbst einerseits, als wären wir außerhalb der Welt – ich bin hier und der Andere ist dort. Andererseits können wir nicht bestreiten, dass wir doch irgendwie Teil

12 Rudolf Steiner, Die Philosophie der Freiheit, GA 4, Dornach 1995.

13 Ebd., S. 28.

der Welt sind und in ihr enthalten sind. Dies ist der doppelte Bewusstseinszustand des Menschen: Obwohl ich Teil der Welt bin, fühle ich mich so, als wäre ich außerhalb von ihr. Diese Spannung kennzeichnet das menschliche Bewusstsein und die menschliche Erfahrung. Auf genau diesen Spannungszustand bezieht sich Steiner im weiteren Verlauf:

> Dieses Gefühl erzeugt das Streben, den Gegensatz zu überbrücken. Und in der Überbrückung dieses Gegensatzes besteht im letzten Grunde das ganze geistige Streben der Menschheit. Die Geschichte des geistigen Lebens ist ein fortwährendes Suchen der Einheit zwischen uns und der Welt. Religion, Kunst und Wissenschaft verfolgen gleichermaßen dieses Ziel.[14]

Steiner spricht also von einer Art Doppelzustand, von einer dynamischen Spannung zwischen Verbindung und Trennung. Wir können es auch so formulieren: Wären wir ganz von der Welt getrennt, gäbe es keinen Antrieb, nach ihr zu suchen; dann wären wir auch nicht in der Lage, irgendeine Verbindung zur Wirklichkeit aufzubauen. Wären wir hingegen ganz mit der Welt einig, gäbe es keine Möglichkeit, eine Frage zu stellen und eine Suche zu beginnen. Dieser Zustand einer Trennung, die ihre eigene Verbindung erfährt, bringt den Menschen auf die Suche.

Der menschliche Geist verfügt über drei Grundwege, die Trennung von Mensch und Welt zu überwinden: **Wissenschaft**, die deutlich zur Sphäre des **Denkens** gehört; **Kunst**, die deutlich zur Sphäre des **Fühlens** gehört, zum erlebenden Mittelpunkt im Menschen; und **Religion** (im weiteren Sinne, d. h. einer Religion, die unser Leben bis in die Sphäre des Tuns gestaltet), welche deutlich zur Sphäre des **Willens** gehört. Das Denken hängt mit Forschung, die Kunst mit Kreativität zusammen – und die Religion mit der Gestaltung des Lebens aus dem Geist heraus bis in die äußere Sphäre.

---

14 Ebd.

In der fernen Vergangenheit, noch vor der griechischen Klassik, konnten die Menschen noch nicht von einer solchen Dreiheit sprechen. Sie erfuhren den Menschen als eine Einheit mit Schwerpunkten. Betrachten wir z. B. die ersten Verse der Genesis: «Im Anfang schuf Gott den Himmel und die Erde. Und die Erde war wüst und leer, und Finsternis war über der Tiefe.» Wenn wir uns fragen, wo diese Wörter hingehören – zur Wissenschaft, zur Kunst oder zur Religion –, dann finden wir darauf keine einfache Antwort. Ist es Wissenschaft? Ja, denn es wird hier erklärt, wie die Welt erschaffen wurde. Ist es Kunst? Ja, denn es handelt sich um ein großartiges Werk der Dichtung. Ist es Religion? Mit Sicherheit ja, denn aus genau diesen Worten ergaben sich der Ort und die Rolle des Menschen in der Welt. Wir stehen hier also vor einer Spur, vor Wörtern aus einem frühen Bewusstsein der Menschheit, in welchem Wissenschaft, Kunst und Religion noch eine Einheit bildeten.

Wenn wir uns auf den Weg in die Vergangenheit machen und die Mysterien-Tätigkeit betrachten, die die alten Kulturen gestaltete, lässt sich tatsächlich sagen, dass eine ihrer Hauptaufgaben in der Bildung dieser Einheit liegt. In den Mysterienstätten wurde der Schüler, nachdem er alle Vorbereitungsphasen durchgemacht hatte, von einem eingeweiht-priesterlichen Kreis in den dreitägigen mystischen Todesschlaf geführt, den Höhepunkt der Einweihung. In diesem Augenblick, auf welchen der gesamte Initiationsprozess von Anfang an gerichtet war, wurde der Schüler in einen Bewusstseinszustand gebracht, der ihm ermöglichte, auch außerhalb seines Körpers sein waches Bewusstsein zu bewahren und die Reise durch die verschiedenen Sphären der Geisteswelt zu erleben. Der transformative Höhepunkt dieser Reise war die Erfahrung der Einheit seines eigenen Wesens mit dem Weltensein. Aus dieser umfassenden außerkörperlichen Erfahrung kehrte der Schüler als ein anderer Mensch zurück. Die Erfahrung der pulsierenden kosmischen Harmonie prägte er in seinen

Lebensleib hinein, der teilweise aus dem physischen Körper herausgelöst worden war. So wurde er zu einem anderen Menschen bis zur Sphäre des Lebensleibes, d.h. der Sphäre der Gewohnheiten. Die kosmische Weisheit und die Harmonie, die ihm zuteilgeworden war, veränderten ihn als Menschen. Das war die Quintessenz der Einweihung in die alten Mysterien.

In den alten Mysterien war die Einheit der drei Tätigkeiten – Wissenschaft, Kunst und Religion – noch ein Ausdruck der Einheitserfahrung der Welt, die dem Schüler auf der Einweihungsreise zuteilwurde. So war die Kunst ein Aspekt der Mysterientätigkeit, indem sie dem Initiationsprozess ihre Fähigkeit zur Vergegenwärtigung zur Verfügung stellte. Wissenschaft, Lernen und Forschen waren Teil der Mysterientätigkeit, weil der Schüler die kosmischen Gesetze gründlich studieren und die Widerspiegelung der Makro- und Mikroebene im Welten-Menschen-Wesen verstehen lernen musste. Auch die rituellen und kultischen Tätigkeiten – die Grundbestandteile der religiösen Sphäre – waren Teil der Mysterientätigkeit. Diese drei Ebenen fungierten als Schwerpunkte innerhalb ein- und desselben Grund-Seins. Die Teilung im heutigen Sinne war damals noch nicht vorhanden. Sie zeichnete sich zuerst in Babylonien ab und erreichte später ihre Verwirklichung in den Veräußerlichungsprozessen der griechischen Klassik.

Innen-Außen-Umkehrung

In der vierten, griechisch-lateinischen Kulturperiode – in der Kernzeit des Kali-Yuga – machte die menschliche Kultur einen Veräußerlichungsprozess durch. Das menschliche Bewusstsein schließt sich so ab, dass Menschen nun direkt aus den in ihnen lebenden Impulsen heraus schöpferisch sein können. Auf dem Gebiet der Wissenschaften beginnen die Menschen nun aus dem individuellen Impuls heraus zu forschen, um die Welt zu erkennen. In den Künsten, der Dichtung und dem Theater, erscheint ein Schaffen mit einem autonomen Kunstcharakter. Aus dem religiösen Bereich entstehen neue Herrschaftsformen. Eine externe Kultur im heutzutage geläufigen Sinne beginnt erstmals in Griechenland.

Im Laufe des 6., 5. und 4. Jahrhunderts v. u. Z. verschließen sich allmählich die Mysterien. Gerade in diesem Augenblick beginnt eine kulturelle Blüte, auf die die kommenden Generationen sehnsüchtig zurückblicken sollten. Die griechische Klassik geht aus der absterbenden Mysterienkultur hervor. Was eben zu Ende gegangen ist, erscheint nun neu durch die darstellenden Künste, die Philosophie, die Architektur und durch das Theater und die Dichtung. Steiner beschreibt diesen Augenblick in seinem Werk «Die Geheimwissenschaft im Umriß»:

> Auf geheimnisvollen Wegen flossen die Weistümer der Eingeweihten in die Dichter, Künstler und Denker. In den Weltanschauungsgebäuden der alten griechischen Philosophen findet man die Geheimnisse der Eingeweihten in Form von Begriffen und Ideen wieder. Und es strömten die Einflüsse des geistigen Lebens, die Geheimnisse der asiatischen und afrikanischen Einweihungsstätten diesen Völkern und ihren Führern zu.[15]

Die griechische Klassik ist folglich nicht aus dem Nichts entstanden. Ihr ging ein Leben voller Erfahrung und Weisheit voraus, das sorgfältig im Rahmen der Mysterien vorbereitet worden war. Dieses Leben erfährt in der griechischen Klassik eine Metamorphose, eine Art Innen-Außen-Umkehrung. Auf der Bühne der Geschichte tritt dieses Leben als jene griechische Kulturblüte auf. Was z. B. bei Plato und Aristoteles als Philosophie erscheint, ist eine Art Transformation der durch die Mysterien gewonnenen Erkenntnis. Statt der bildlichen Mysterienform erscheint nun dieses Bewusstsein in Form von Begriffen und Ideen. Jene neue Kultur in Griechenland befreit

15 Steiner, Die Geheimwissenschaft im Umriß (siehe Anm. 11), S. 286.

sich zwar von der Mysterienwelt, jedoch birgt sie diese noch als Hintergrund und Grundlage für ihre Tätigkeit in sich. Grundthemen wie das Seelenleben nach dem Tod und die Ewigkeit der Seele erklingen noch im philosophischen Diskurs jener Zeit.

Die Knospe der Mysterienweisheit blüht als externe Kultur. So entsteht in Griechenland erstmals eine Welt der Literatur. Diese kennen wir heutzutage – es gibt Literaturzeitschriften, Literaturkritik, Verlage etc. Es gibt Internetseiten, auf denen Menschen ihre Werke veröffentlichen können. Ähnlich existiert auch die Welt der darstellenden Künste: Galerien, Museen, Kuratoren. Die Welt der Literatur und die Welt der Kunst sind heutzutage bekannte Erscheinungen, die jedoch in Ägypten und anderen antiken Kulturen nicht vorhanden waren. Dichterinnen und Dichter wie Sappho und Archilochos (beide im 7. Jahrhundert v. u. Z.) schrieben bereits Dichtung als Literatur. Und sie begannen, ihre Dichtung qualitativ zu untersuchen: Wie setzt sich die lyrische Komposition zusammen? Entspricht der Rhythmus dem Inhalt? Das sind «reine» literarische Fragestellungen, die sich auf das Ding an sich beziehen. Auch hier bedenken wir, dass diese Befreiung noch die mythologische Mysterienwelt in sich birgt, und zwar als Hintergrund für den neuen Zustand des Menschen. So ersucht Sappho beispielsweise in ihrer «Ode an Aphrodite» die Liebesgöttin um Hilfe bei der Verwirklichung ihrer persönlichen Wünsche.

Jene Befreiung der neuen Kultur von der Mysterienwelt ist, wie gesagt, kein revolutionärer Zug, der der Vergangenheit den Rücken kehrt, sondern bildet eine Entwicklung durch Metamorphose, welche die Mysterien in ein neues Werk überführt. In jener oben beschriebenen Mysterienkultur gab es keine Welt der Literatur, der Wissenschaft oder der Religion. Sie kennzeichnete sich durch eine Art Einheit, die sich aus dem Mysterium selbst ergab. Die neue, in Griechenland geborene, durch die Auflösung der Einheit in «drei Welten» gekennzeichnete Kultur ist die Frucht bzw. das Ergebnis eben jener Einheit, in deren Mittelpunkt das Streben nach Einheit mit der Welt steht. Diese Differenzierung eines ursprünglich einheitlichen Kulturbegriffs kommt nun in den beiden uns heute bekannten Bedeutungen zum Ausdruck: Die eine spricht von der «Welt der Kultur» im Sinne der «Welt der Literatur», der «Welt der Kunst» etc.; die andere spricht von der menschlichen Kultur als Zivilisation. Auch die Etymologie des Kulturbegriffs ist interessant und führt uns auf den Kultus zurück. So versteht man aus der Sprache selbst, dass die **kultische**, aus den Mysterien hervorgegangene Grundlage die Quelle der **Kultur** ist.

In Griechenland beginnt als Folge jener kulturellen Veräußerlichung die Aufteilung der Dreiheit: **Philosophie**, (politische) **Herrschaft** und **Kunst** beginnen jeweils an und für sich zu existieren. Die griechische Philosophie versucht, die Wahrheit mit logischem Denken zu finden und nicht durch übersinnliche Erfahrungen der Mysterien. Die Herrschaft löst sich von der Religion ab und beginnt ihren eigenen Weg zu beschreiten. Die Entstehung der Demokratie in Athen stellt insofern einen Akt der Befreiung dar. Und in der Kunst wird die bis dahin vornehmlich rituelle Dichtung zu einer literarischen Fragestellung. Ähnliches geschieht dem Theater, das vormals ein internes Instrument der Mysterien zur Veranschaulichung geistiger Prozesse darstellte und nun zur selbstständigen Kunst wird, zur «Welt des Theaters». Wettbewerbe mit Schauspielen, Tragödien und Komödien, werden zu kulturellen Höhepunkten der griechischen Polis. Die Autoren beginnen, aus ihrer eigenen Tätigkeit Tragödien und Komödien als Dramagenres zu schaffen. Die berühmte Erzählung über Aischylos, den ersten der drei großen Dichter Griechenlands (vor Sophokles und Euripides), liefert hierfür ein gutes Beispiel: Bei der Aufführung eines seiner ersten Stücke – «Der gefesselte Prometheus» – wurde Aischylos, der aus einer Priesterfamilie stammte und als eingeweiht galt, vorgeworfen, er habe die Geheimnisse des

Mysteriums enthüllt. Eine solche Enthüllung bedeutete Hochverrat. Aischylos wurde verfolgt und floh aus Athen, bis sich herausstellte, dass er doch keinen Einweihungsprozess durchgemacht hatte. Deswegen wurde er freigesprochen. In diesem Sinne können wir hier einen Veräußerlichungsprozess identifizieren: Aischylos schreibt seine Theaterstücke aus dem eigenen Impuls heraus und nicht durch einen Einweihungsprozess, der mit den Mysterien zusammenhängt.

Doch die endgültige Schließung der Mysterien findet im Augenblick der Zeitenwende durch Christus selbst statt. Im großen Mysterienereignis von Golgatha macht ein kosmisches Wesen die klassischen Einweihungsprozesse durch, und zwar in aller Öffentlichkeit. Das ist also das große Mysterium der Zeitenwende. Vorher mussten sich die alten Mysterien noch verschließen. In diesem Sinne ist die im Neuen Testament verfluchte Feige nichts anderes als das Bild der Austrocknung der alten Mysterien.

Die Mysterien gehen **vom Mystischen zum Esoterischen** über. Sie tauchen unter und führen über sehr lange Zeiträume hinweg eine unterschwellige Existenz. Strömungen wie der Manichäismus, die Grals-Strömung und das Rosenkreuzertum sind im Laufe der folgenden Jahrhunderte im Verborgenen aktiv. Parallel dazu entsteht langsam eine extern-irdische Kultur: In den ersten Jahrhunderten nach dem Mysterium von Golgatha finden wir, dass das, was zuvor in Griechenland geblüht hatte, nun im Rahmen der religiösen Welt «schläft». Diese Welt ist zwar nicht mehr mystisch, bewahrt jedoch noch etwas vom «Kultus» als religiösem Seelenleben. Das in Griechenland entwickelte, gewissermaßen mit Aristoteles kulminierte Denken muss sich nun angesichts des Mysteriums von Golgatha neu finden und darauf Bezug nehmen. Dieser Prozess dauerte bis zum Ende des Mittelalters. Mit Beginn der Neuzeit kann das nunmehr reife Denken neben den anderen Tätigkeiten der menschlichen Seele, dem Fühlen und dem Wollen, neu hervorbrechen.[16]

Die Aufteilung der kulturellen Dreiheit in der Epoche der Bewusstseinsseele

Das neue Denken bricht sich im 17. Jahrhundert Bahn, und zwar in den Werken zweier großer Philosophen: Descartes und Spinoza. Der in Griechenland gesäte Samen einer Kultur auf der Grundlage der inneren Kräfte des Menschen war lange latent und erwacht nun auf einer neuen Ebene in unserer Epoche, der Zeit der Bewusstseinsseele. Diesmal erfolgt das Erwachen aus einer Position heraus, die es dem Menschen ermöglicht, die Frage direkt aus seinem Ich heraus zu stellen. **Die Frage des neuen Denkens ist in erster Linie eine Frage der Gewissheit.** Descartes sucht diese Sicherheit in den Tätigkeiten des denkenden Ich, während Spinoza sie im «Sein» sucht. Dabei geht es um eine ähnliche Frage: Kann ich etwas mit Sicherheit wissen? – Dies ist eine Frage der Bewusstseinsseele.

Mit Beginn der Kultur der Bewusstseinsseele finden wir also erstmals eine «externe Kultur». Dies bedeutet, dass die Menschen nun zu erreichen versuchen, was früher nur auf anderen Wegen in einer anderen Sprache erreicht werden konnte, gewissermaßen ein verschwiegenes, nichtöffentliches Wissen darstellt. Nun erfolgt der Versuch aus der Tätigkeit des Ich als irdische Menschen, die durch ihre öffentliche kulturelle Tätigkeit auf der Bühne der externen Geschichte agieren. «Kann ich als denkender Mensch, als Philosoph, wissen?», fragen sich die neuzeitlichen Philosophen. Diese Frage führt zum Ich. Eine parallele Entwicklung finden wir auch auf dem Gebiet der Naturwissenschaften mit den revolutionären Errungenschaften von Kopernikus, Kepler, Galileo Galilei und anderen. **Diese Revolution spiegelt den Versuch wider, die Natur bzw.**

---

16 Vgl. Rudolf Steiner, Die Rätsel der Philosophie, GA 18, Dornach 1985, S. 89.

die Welt direkt durch die beobachtende und denkende Erfahrung des Ich zu verstehen. Dieser Forschungsansatz verlangt vom Forscher, die Stützen des Glaubens und der Dogmen zu überwinden, jene Überbleibsel der jahrtausendealten Mysterienkultur.

Auf dem Gebiet der Kunst ereignet sich Ähnliches: Während des Mittelalters ist die Kunst noch von der Religion umhüllt, der sie dient. So kennen wir z. B. den Meister aus dem Kloster in Cluny oder den Meister aus der Kathedrale in Chartres, aber eigentlich kennen wir sie gar nicht. Wir wissen nichts über sie, die dort als Handwerker arbeiteten. Es gab Maurer, Bildhauer, Freskomaler und Buntglaskünstler – Handwerker im Dienste eines großen, umfassenden Kunstwerkes. Im Laufe des Mittelalters «schläft» die Menschheit wieder in die alte Einheit der religiösen Welt ein. In der Renaissance löst sich diese Einheit wieder auf. Wir erkennen einen ähnlichen Prozess wie in Griechenland, nun jedoch auf einem höheren, selbstständigeren Bewusstseinsniveau. Aus der religiösen, nicht mehr streng mystischen Ummantelung steigt die Renaissance blühend empor. Auch hier erleben wir einen besonderen Augenblick, auf den wir wie auf ein kulturelles Wahrzeichen zurückkommen. Nicht umsonst erheben sich vor uns bei dem Gedanken an die Kunst sofort die großen Meister der Renaissance. Dieser Wendepunkt zeichnet sich dadurch aus, dass etwas in der Kunst widerhallt, etwas aus dem inneren Geist der Mysterien, aus dem Geist der Studier- und Initiationszentren z. B. in Chartres, etwas, das den christlichen Geist sowie den Impuls des Griechentums durchfährt und nun aus dem individuellen Element der Bewusstseinsseele neu erscheint.

Es handelt sich hierbei um einen Prozess der Befreiung. Künstler beginnen etwas zu tun, was später auch die Wissenschaftler tun sollten, nämlich eine direkte Betrachtung der Natur. **Wenn man die Natur direkt betrachtet, werden die inneren Kräfte des Ich zum Handeln geweckt.** Nicht im Sinne von «wie es sein soll», sondern «wie es mir in der Wirklichkeit erscheint». «Wie begreife ich es in meiner unmittelbaren Erfahrung?» Der große Zug der Kunst von Giotto bis Raffael in seiner Gänze ist ein einziger Befreiungszug des künstlerischen Elements hin zum Handeln mit eigenen Mitteln. Der Mensch entdeckt sich selbst in der Sphäre der Kunst.

Auch in der Sphäre der Religion vollzieht sich Ähnliches: Vom Kult bzw. der Kultur als Kultus, wodurch sich innerhalb des Christentums der Katholizismus ausgesprochen klar kennzeichnete, erfolgt der Übergang zum Protestantismus. Dem katholischen Ritual liegt eine Auffassung zugrunde, die den Kult als reale Vergegenwärtigung des Geistes auffasst. Das ist im Prinzip die Quintessenz des Kultus von den alten Mysterien bis zum Ende des Mittelalters. Bei der Teilnahme am antiken Mysterienkult sowie am späteren Kirchenritual erfuhren die Menschen noch die Vergegenwärtigung des Geistes als Realität im Geschehen. In der evangelisch-reformierten Strömung – von Luther selbst abgesehen – hat man das Sakrament des Abendmahls verobjektiviert und versachlicht; für Zwingli waren Brot und Wein nur Symbole. Es erfolgte also eine Veräußerlichung, eine Intellektualisierung des Kultus. Die Hostie ist nicht wirklich der Leib Christi, sondern ein Symbol für uns, ein Hinweis auf etwas anderes, etwas Nichtsinnliches, das wir dennoch mit unserem Denken begreifen können. Auch hier sehen wir einen Prozess der Befreiung. Das Ritual wird intellektueller, äußerlicher, als Teil einer Entwicklung, die uns im 18. und 19. Jahrhundert zur Säkularisierung und zum Atheismus führt. **Die religiöse Sphäre geht vom Katholizismus zum Protestantismus und anschließend zur Säkularisierung über; das ist ihr Befreiungsprozess.** Der Mensch fühlt sich in der Sphäre des Willens frei. Nun kann er tun, was er will.

Wir können einen Prozess der Emanzipierung bzw. Befreiung der drei Gebiete feststellen: Denken (Wissenschaft), Fühlen (Kunst) und Wollen (Religion). Alle sind nun vom Griff der vergangenen Einheit frei. Jede der drei menschlichen Grundebenen bewegt sich in die ihr eigene Richtung. Die Hauptrolle des befreiten Denkens in den ersten Jahrhunderten der Epoche der Bewusstseinsseele ist die Erforschung der materiellen Welt. Es entsteht die moderne Naturwissenschaft. Mit der immer tiefer gehenden Untersuchung der Materie beginnen die Menschen mit ausschließlich materiellen Begriffen über sich und die Welt nachzudenken. Diese Tendenz erreicht einen Höhepunkt in der zweiten Hälfte des 19. Jahrhunderts. Auf dem Gebiet des Willens führt die Befreiung zur Säkularisierung. Die Menschen beginnen sich in ihrem Willen frei zu fühlen. Es folgt eine Befreiung von der Autorität der religiösen Strukturen und von der Autorität der Gottheit. Es entsteht eine säkulare Kultur mit einer atheistischen Ausrichtung. Auf dem Gebiet der Kunst zeigt sich eine andauernde Fortentwicklung der künstlerischen Tätigkeit. Der Künstler arbeitet mit individuellen Inspirationsquellen.

Der Veräußerlichungsprozess der Kultur ist ein Prozess der Trennung und Befreiung der drei Grundelemente der Kultur – der Wissenschaft, der Kunst und der Religion. Diesen Prozess zeichnet eine zweifache Veräußerlichung aus: Der Übergang von einer innerlichen, früher auch mystischen, geistigen Kultur hin zu einer externen, individuellen Kultur; parallel dazu und infolgedessen kommt es zu einer immer stärkeren Emanzipation dieser drei Grundelemente der Kultur. **Diese Emanzipation initiiert gleichzeitig eine immer weitergehende Auflösung der eigenen Struktur des Menschen – Denken, Fühlen und Wollen verlieren ihren Zusammenhang.** Darin liegt die tiefe Bedeutung dieses Entwicklungsprozesses.

Die Bedeutung dieses Entwicklungsprozesses versuchen wir mit einer Betrachtung des wissenschaftlichen Gebietes zu verstehen: Dieses auf der denkenden Tätigkeit basierende Gebiet konnte sich nicht voll entfalten, solange es in der schützenden Einheit der Religion gefangen war. Die Tätigkeit des Denkens kann – z.B. in der Physik – nicht zu Ende geführt werden, solange wir nicht davon ausgehen, dass die Materie ohne die Beteiligung einer höheren Gewalt ihren eigenen Gesetzen folgt. Die Materie muss von sich aus untersucht werden. Die moderne Physik beruht auf diesem Prinzip. Es wäre unvorstellbar, ein physikalisches Gesetz wie die Schwerkraft mit einem Vorbehalt zu formulieren, wie z.B.: «Manchmal gilt die Schwerkraft nicht und Gott hebt den Menschen in die Höhe» ... So lässt sich kaum eine Wissenschaft etablieren. Wir haben unzählige Gesetze zu formulieren, an die Gott sich nicht immer hält. Mit anderen Worten: Erst wenn ein bestimmter Forschungsbereich, eine Disziplin, von anderen getrennt wird und an und für sich steht, kann sie voll entwickelt werden. Das ist die erste Phase, die Voraussetzung wissenschaftlicher Forschung. Wenn ein Wissenschaftler in der Epoche der Bewusstseinsseele ein Stück Materie zur Hand nimmt, interessiert er sich nicht dafür, wer es schuf und welche geistigen Qualitäten es aufweist. Stattdessen versucht er, die Materie aus dem heraus zu verstehen, was mit der betrachtenden, erforschenden Tätigkeit unmittelbar begriffen werden kann. Das gilt auch für die beiden anderen Gebiete, die Religion und die Kunst: Wir haben vorhin die Rolle jener Emanzipation vom religiösen Griff des Willenslebens besprochen. Das Gemeinschafts- und Kulturleben wird vom Religiösen befreit und allmählich zur Säkularisierung gebracht. Auch die Kunst kann neue Höhepunkte erreichen, indem sie sich unmittelbar und unabhängig von Wissenschaft und Religion mit ihren eigenen Mitteln beschäftigt.

Diese Emanzipation ermöglicht einen neuen Entwicklungshöhepunkt, birgt in sich jedoch eine große Gefahr, denn die Trennung könnte die drei Gebiete auseinanderreißen. Doch nur durch diese Befreiung kann es zu einem Prozess der Individualisierung kommen. Erst wenn der Künstler sich fragt – «Was möchte ich schaffen und wie?» –, kann er aus seiner Tätigkeit heraus sein Ich sprechen lassen. Gleichermaßen auf den beiden anderen Gebieten.

Nach Steiner ist allerdings dieses bis jetzt geschilderte Bild kein vollständiges. «Auf geheimnisvollen Wegen flossen die

Weistümer der Eingeweihten in die Dichter, Künstler und Denker», schreibt er im oben zitierten Passus. Steiner spricht hier über die unterschwellig wirksame esoterische Strömung. Das im 13. Jahrhundert als eine verborgene esoterische Strömung gegründete Rosenkreuzertum ist hinter den Kulissen aktiv, um die sichtbare Kulturtätigkeit zu bereichern und zu steuern. Jene unter der Oberfläche der externen Kultur wirksame, dem Wissen und den Fähigkeiten von Eingeweihten entstammende Tätigkeit steuert während dieser Zeit die besagten Befreiungsprozesse und unterstützt sie. Wenn Steiner von Griechenland spricht, beschreibt er «geheimnisvolle Wege», auf denen das Mysterienwissen in die äußere Kultur eindringt und in ihr weiterwirkt. In diesem Zusammenhang können wir die Spannung identifizieren, die den Grundfragen hinter der menschlichen Entwicklung während der gesamten Kali-Yuga-Zeit innewohnt: Wie führt man einerseits eine externalisierende, eine irdische Kultur schaffende Befreiung herbei? Und wie wird andererseits diese Befreiung für die allgemeine Entwicklung der Menschheit fruchtbar, sodass sie dem Menschen letzten Endes erlaubt, aus einer freien Position heraus zum Geist zurückzukehren? Allgemein gesprochen besteht hierin die Aufgabe der Mysterienströmung in der Zeit des Kali-Yuga. Dies ist also die Rolle des Rosenkreuzertums in den ersten Jahrhunderten der Zeit der Bewusstseinsseele: hinter den Kulissen den Prozess zu steuern, sodass selbst im Veräußerlichungsprozess der Faden erhalten bleibt, der die Ganzheit zusammenhält.

Der in Griechenland stattgefundene Prozess wiederholt sich später in einer etwas anderen Variation. Einen Aspekt dieser Variation finden wir in der Figur Shakespeares, hinter welcher nach Steiner das Wesen von Christian Rosenkreuz steht. Es handelt sich um eine gemeinsame Tätigkeit auf beiden Seiten der Schwelle, die einen der «geheimnisvollen Wege» der Arbeit jenseits der Schwelle darstellt. Ein weiterer Weg, den Steiner anspricht, hat mit den sich wiederholenden Erdenleben zu tun. Ein Mensch, der in den letzten Jahrhunderten als großer Künstler und Komponist in Erscheinung tritt, wird eine wiederholte Inkarnation einer Individualität gewesen sein, die in der Vergangenheit durch die antiken Mysterien eingeweiht wurde. Er selbst tritt nicht als Eingeweihter auf, doch das, was aus seiner Musik hervorgeht, ist ein künstlerisches Echo der Einweihungsreise, eine Art unbewusste Erinnerung an eine Erfahrung, die in die Sphäre des Willens sank.

Daran zeigen sich zwei der «geheimnisvollen Wege» des Karmas: Einerseits die Schaffung einer individuell-externen Kultur, andererseits die Führung des Mysteriengeistes in jene individualisierte Menschenkultur. Dies kann man für alle Seinsbereiche in den ersten Jahrhunderten der Bewusstseinsseele gelten lassen: Philosophie, Wissenschaft, Malerei, Bildhauerei, die religiösen und politischen Revolutionen. Dort finden wir jene Eingeweihten der antiken Mysterien, die nun als «Nicht-Eingeweihte» erscheinen, aber die schaffende Erfahrungsstärke aufweisen, die gleichsam in die Tiefen des Willens sank und nun als Frucht, als Veräußerlichungsgeste wieder in das Kulturleben hochgebracht wird. Dies kann man kaum übertreiben: **Was Menschen früher durch eingeweihtes Wissen erreichten, müssen sie nun aus einem wachen Ich-Bewusstsein leisten.**

Die Geburt einer Kultur an der Schwelle

Dieser 1413, mit dem Beginn der Epoche der Bewusstseinsseele, angefangene Prozess schließt am Ende des 19. Jahrhunderts, im Jahre 1899, sein erstes Stadium ab. Es ist ein wichtiger Augenblick: das Ende des Kali-Yuga. Etwas geht zu Ende und die Menschheit beginnt den Prozess des Schwellenübergangs. Was wir in den ersten Jahrhunderten der Zeit der Bewusstseinsseele als Emanzipation begriffen haben, wird nun beschleunigt. Bei der Annäherung an das Geschehen des Schwellenübergangs beginnen sich die Fäden aufzulösen, die Denken, Fühlen und Wollen miteinander verbunden haben.

Nun hat der Mensch einen neuen inneren Mittelpunkt zu finden, an dem sich all seine Tätigkeiten orientieren könnten. **Tut er das nicht, so wird der Emanzipations- bzw. Befreiungsprozess zu einem Prozess der Aufspaltung.** Jenes fortgeschrittene, sich als autonome Tätigkeit gebärende Denken könnte in sich geschlossen werden und sich von der Wirklichkeit trennen.[17] Es kann kalt, intellektuell, theoretisch werden. Zu gleicher Zeit kann der Wille seine eigenen Wege beschreiten und in bislang ungeahnten Ausmaßen wild und gewalttätig werden. Und die Gefühlssphäre droht in der Folge innerlich, emotional-seelisch zusammenzubrechen.

Die Auffassung der Materie in den ersten Jahrhunderten der Epoche der Bewusstseinsseele basiert noch gänzlich auf der sinnlichen Wahrnehmung. In diesem Sinne bildet die Materie noch ein Widerstandselement, durch welches die Bewusstseinsseele erwachen kann. In den Jahrzehnten vor dem Ende des Kali-Yuga, d.h. in den letzten Jahrzehnten des 19. Jahrhunderts, beginnt sich die Auffassung der Materie für die atomare Ebene zu öffnen. Mit der Jahrhundertwende und der Entwicklung der Quantenauffassung im 20. Jahrhundert kommt jedoch die sinnesbasierte Vorstellung von der Materie zu einem Ende. Die stabile, die Gesetze von Raum und Zeit befolgende Widerstandswelt öffnet sich und die menschliche Seele steht vor einem Abgrund subatomarer Teilchen, deren Gleichzeitigkeit zum Magischen neigt. Das ist die eine Seite. Die andere Seite der Denktätigkeit hängt mit den Fertigkeiten zusammen, die in diesen Jahrhunderten bei der intensiven Untersuchung der Materie zustande kamen. Über das spezifische Wissen, das mit der Betrachtung der Materie zu gewinnen ist, stärkt diese Tätigkeit beträchtlich das denkende Ich. Gegen Ende des 19. Jahrhunderts stärkt sich diese Tätigkeit so sehr, dass sie sich nun auch an andere Ebenen des Seins wen-

17 Die Folgen dieser Aufspaltung zeigen sich in der immer weitergehenden Fragmentierung der Wissenschaften im 20. Jahrhundert.

den kann. In seiner «Philosophie der Freiheit»[18] weist Steiner auf diese neue Tätigkeit hin, die sich nun der Betrachtung des Denkens an sich widmet, die auf zweierlei hindeutet. Erstens: **Das denkende Ich ist eine primäre Quelle von Tätigkeit und das Denken ist mit Gewissheit meine Tätigkeit als Denkender.** Das ist der Stützpunkt.[19] Zweitens: **Das denkende Ich erschafft zeitgleich sowohl den Subjekt- als auch den Objektbegriff und erhebt sich über beide hinweg.** Mit anderen Worten: Das Denken ist weder subjektiv noch objektiv. Die Auffassung von der denkenden Tätigkeit des Ich als einer, die in sich Subjekt und Objekt birgt, erweitert den Begriff des Ich hin zu dem, was Steiner Jahre später als «Menschen-Welten-Wesen» bezeichnet. Dieses dimensions- und grenzenlose Ich-Wesen bezeugt sich selbst als endloses Geisteswesen.

In der zweiten Hälfte des 19. Jahrhunderts entwickelte sich erstmals die materialistische Vorstellungsform. Der Mensch denkt über sich als ein rein materiell-irdisches Wesen nach. Steiner bezieht das Denken – das den Menschen wie gesagt auf die irdische Ebene gebracht hat – auf sich selbst, auf seine Quelle zurück. **Das Denken, mit dem die materialistische Vorstellung entstand, ist der Schlüssel zu deren Überwindung.** Das ist also die große Denkwende am Ende des 19. Jahrhunderts: Der Durchbruch durch die materialistische Denkmauer mit den Mitteln des Denkens selbst. Darin besteht die erste große Aufgabe, der sich Steiner in der «Philosophie der Freiheit» stellt: Das Durchbrechen der materialistischen Vorstellungsform. Einzig und allein der Schlüssel, der die Tür zum Geist verschloss, kann diese Tür wieder öffnen. Das ist auch die Brücke, die später, mit der Wende zum 20. Jahrhundert, zur Geburt der modernen Geisteswissenschaft führen kann.

Parallel dazu befreit sich die menschliche Tätigkeit in der Sphäre des Willens allmählich von der Führung und Kontrolle

---

18 Steiner, Die Philosophie der Freiheit (siehe Anm. 12).

19 Hier schließt sich Steiner Descartes an.

der Religion. Diese Tätigkeit tritt in einer Kultur mit säkularem Charakter auf. Tatsächlich wird die Frage nach dem freien Willen erst in der Epoche der Bewusstseinsseele zentral, was sich unter anderem in Aussagen über den Tod Gottes zum Ausdruck bringt wie bei Friedrich Nietzsche. Der Freiheitsimpuls wirkt in immer mehr Seelen. Es wird kritisch, an den Menschen als Freiheitswesen denken zu können. Mit dem Zusammenbruch der traditionellen Gesellschaftsstrukturen infolge der Französischen Revolution und deren Nachbeben im Westen stellt sich die Frage nach dem individuellen Willen und dessen Steuerung. Vor dem Hintergrund der zerfallenden Gesellschaftsstruktur steht die menschliche Seele vor dem Abgrund der willkürlichen Anarchie mit der Alternative einer neuen Organisationskraft in Gestalt der marxistischen Ideologie.

In der «Philosophie der Freiheit» kämpft Steiner um den Zusammenhang des Freiheitsbegriffs mit dem des Guten. Im Rahmen des alten Moralsystems von den Zehn Geboten bis hin zu Immanuel Kants kategorischem Imperativ steht der Begriff der Freiheit im Widerspruch zum Begriff des Guten. Um das Gute zu tun, hat der Mensch seinen Willen einem System von Imperativen, Gesetzen, Werten bzw. Kategorien zu unterwerfen. Der Erkenntnisdurchbruch in der «Philosophie der Freiheit» besteht im Hinweis auf die menschliche Individualität als Welten-Menschen-Wesen jenseits der Teilung zwischen Subjekt und Objekt. Dieser gedankliche Durchbruch wird nun die Grundlage der Freiheitsauffassung in der Sphäre des Willens. **Denn der Mensch ist, sofern er Subjekt und Objekt in sich birgt, als Ich in der Lage, aus dem Anderen heraus zu handeln.** Man kann also zu einem gegebenen Zeitpunkt wissen, was in einer bestimmten Situation «richtig» ist – dies ist die «moralische Intuition». In diesem Sinne kann man sagen, dass das Freiheitliche und das Ethische in der individuellen Handlung aus der Ganzheit heraus zusammenkommen. Dies ist die Ethik des Schwellenübergangs, die sich nicht mehr auf Ich-externe Kriterien stützt, sondern den Menschen dazu aufruft, sein Handeln direkt aus dem Entstehungsstrom des Lebens abzuleiten. Damit wird eine neue Grundlage für ein gemeinsames Leben gelegt, das auf dem Individuellen beruht.

Nun wenden wir uns der Kunst zu, insbesondere der Dichtung. Durch die oben beschriebenen Befreiungs- und Fortentwicklungsprozesse kommt die Sphäre der Mitte in eine Richtung, welche die Dichtung von Stéphane Mallarmé veranschaulicht. Mallarmé war einer der wichtigsten französischen Dichter Ende des 19. Jahrhunderts und versuchte, die «reine Dichtung» als «l'art pour l'art» zu schreiben. Gemäß dieser Position soll sich die Kunst abkapseln und zu reiner Schönheit, reiner Dichtung werden. Die Dichtung soll die kommunikative Grundlage der Sprache überwinden. Parallel zeichnet sich eine ähnliche Tendenz auf dem Gebiet der darstellenden Kunst ab, nämlich die abstrakte Kunst, die sich von sämtlichen bildlichen bzw. darstellenden Aspekten befreit hat. Zwar zeigt sich hier ein weitgehender Fortschritt der künstlerischen Mittel, jedoch führt diese Tendenz in vielerlei Hinsicht in eine Sackgasse: Durch die intensive Beschäftigung mit sich selbst bringt sich die Kunst – gewissermaßen und allmählich – selbst um. Dies kennzeichnet die Entwicklung der modernistischen Kunst bis in die Mitte des 20. Jahrhunderts.

Mit dem Schwellenübergang treten Künstler und Dichter in Erscheinung, die das Gefühl und die Einsicht haben, dass diese Entwicklung die Kunst in eine Sackgasse führt. Besonders deutlich ist das bei Paul Celan. Celan und andere Dichter in seiner Generation, die ihre Dichtung nach dem Zweiten Weltkrieg zu veröffentlichen beginnen, haben das Gefühl, dass die Sprache wieder sprechen, einen realen Anderen suchen soll. So sagt Celan in seiner berühmten «Bremer Rede»:

> Das Gedicht kann, da es ja eine Erscheinungsform der Sprache und damit seinem Wesen nach dialogisch ist, eine Flaschenpost sein, aufgegeben in dem – gewiß nicht immer hoffnungsstarken –

> Glauben, sie könnte irgendwo und irgendwann an Land gespült werden, an Herzland vielleicht. Gedichte sind auch in dieser Weise unterwegs: sie halten auf etwas zu. Worauf? Auf etwas Offenstehendes, Besetzbares, auf ein ansprechbares Du vielleicht, auf eine ansprechbare Wirklichkeit. Um solche Wirklichkeiten geht es, so denke ich, dem Gedicht.[20]

Das zentrale Bild ist hier das Gedicht als Flaschenpost. Jedes Gedicht bewegt sich auf jemanden zu. Die poetische Tätigkeit zeichnet sich dadurch aus, dass sie sich irgendeinem Adressaten zuwendet, auch wenn dieser unbekannt ist. Das Gedicht

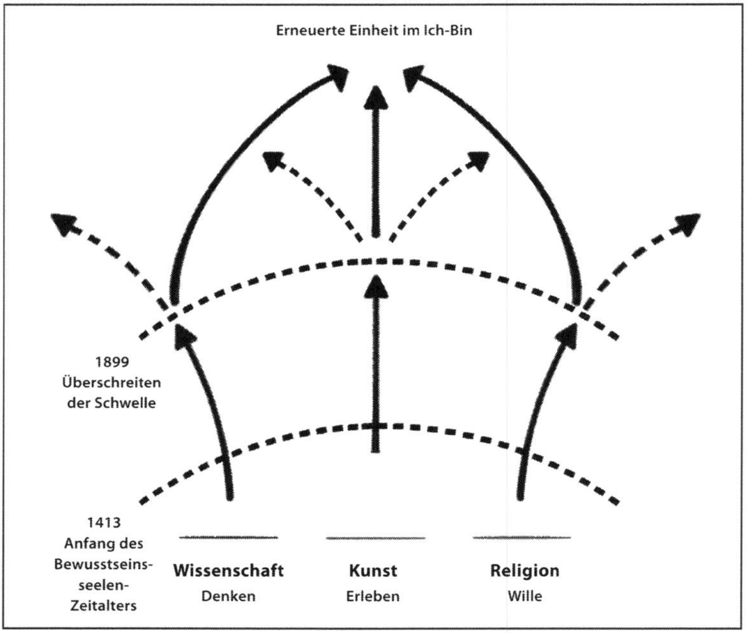

Abbildung 2

20 Paul Celan, Gesammelte Werke, Bd. 3, Frankfurt a.M. 1986, S. 186.

hält auf jenes «Herzland» zu, auf jenes ansprechbare Du. Damit beginnt der Schwellenübergang in der Dichtung und er stützt sich auf die Geburt des dialogischen Elements. Die durch die Abstraktion verloren gegangene Welt kehrt langsam zurück.

Es beginnt eine erneute Suche nach der Wirklichkeit – nach der Wirklichkeit des Dialoges oder nach der Wirklichkeit als Dialog. **Das Poetisch-Künstlerische sucht eine neue Beziehung zum Ethischen.** Begnügt sich jedoch der Dichter allein mit seinen instinktiven Mitteln, so könnte die Kunst noch nicht eigenständig werden, sich selbst tragen können. Bei dem Dichter Albert Steffen, der aus dem Herzen des anthroposophischen Impulses geschrieben hat, erkennen wir einen Schritt nach vorn, indem er die künstlerische Tätigkeit bewusst mit dem Weg einer modernen inneren Initiation verbindet:

> Von früh bis spät, in allen Lebenszuständen und Seelensituationen, bei völligem Wachsein beobachten, das ist die erste Bedingung eines für die heutige Menschheit in Betracht kommenden Schriftstellers. Aber er reicht nicht aus mit der bloßen Beobachtung. Er denkt, fühlt und will ja überdies. Das gehört mit zur künstlerischen Gestaltung, sogar noch mehr als die Wahrnehmung als solche. Die Wahl des Wortes, der Rhythmus der Sätze, der Aufbau der Handlung, – das alles liegt in anderen Seelenfähigkeiten und deren Übung begründet.[21]

Durch das Geschehnis des Schwellenübergangs soll der Mensch sein eigener Anführer werden. **Er soll sich üben.** In der fernen Vergangenheit konnten die Menschen an Initiationsprozessen im Rahmen der Mysterien teilnehmen; heutzutage sind es «neue Mysterien», die keinen bestimmten Ort, sondern Begegnung und Tätigkeit bedeuten. Aus seiner geistigen Selbsterkennung heraus kann der Mensch die Fähigkeiten

21 Albert Steffen, Dichtung als Weg zur Einweihung, Dornach 1960, S. 11–12.

neu hervorbringen, die früher der Initiationsprozess der Mysterien entwickelte. Nun kann es der Mensch aus dem individuellen Element heraus tun. Steffen schreibt weiter:

> Im Denken lebt, wenn es nicht bloße Hülse oder Schablone, das heißt, erstorben ist, etwas Lichthaftes [...] Rudolf Steiner hat in diesem Zusammenhange gesagt: Daß im Intellekt, wie ihn der heutige Mensch gemeinhin handhabt, meistens zwei Drittel nicht von ihm herrühren, sondern von mehr oder weniger luziferischen Wesenheiten. Solches muß der moderne Künstler wissen, wenn ihn sein Gedankenflug nicht der Erde und ihren Nöten entfremden soll. Er darf als Denkender nicht schlafen.
>
> Viel weniger noch als im Denken ist man im Fühlen völlig wach. Fühlen am Tag ist gleichwertig wie Träumen in der Nacht. Es gilt, auch im Fühlen zu erwachen. Das heißt natürlich nicht, daß Gefühle unterdrückt, wohl aber, daß sie überschaut werden. Sie können so eine Verinnerlichung und eine Erhellung erfahren. Sie erweisen dadurch ihre höhere Herkunft und ihre tiefere Wirkung. Sie erweitern sich von irdischen Bereichen zu kosmischen. [...] Er muß das Gefühl von der Warte des Geistes aus betrachten. Dann beginnt er allmählich im Träumen aufzuwachen und die Bilder, die für ein gleiches Seelengeschehen ganz verschieden sein können, gemäß ihrem Verlauf zu lesen. Sie sprechen sich wie von selbst aus. Er ist gleichsam der Zuschauer oder Zuhörer solcher Traumspiele, ihr Lektor, ihr Dramaturg. Und wenn er im Wachen träumt und seiner Gefühle, die Traumwert besitzen, bewußterweise inne wird, so gelangt er nach und nach von Imaginationen zu Inspirationen [...]
>
> Der Wille schläft auch im tagwach bewußten Menschen. Dieser weiß nicht, was in seinem Wollen vorgeht. Wie vermag er darin zu erwachen? Er erweckt sich aus dem Schlafzustand des Wollens schon im Alltagsbewußtsein, wenn er zwei Seelenfähigkeiten pflegt [...]: Das Mitleid und das Gewissen.
>
> Durch das Mitleid geht sein Wollen schon hinüber in den anderen Menschen.
>
> Der Wille erwacht an der anderen Seele, er weitet sich über das leibverhaftete Ego hinaus, er verliert sich, um sich im anderen zu finden. [...]

> In früheren Epochen war der Mensch durch die Religion oder die Tradition mehr oder weniger vor der Abirrung seines Willens geschützt. Heute sind diese Bande lose geworden oder ganz zerrissen. Und nur die zur Liebe gewordene Erkenntnis, die ihm das Geistesauge öffnet, wird ihm die Wege weisen, die seinen Geist zum Geist in anderen Wesen führen können.[22]

Steffen spricht über das Erwachen durch bewusste Geistesübung im Denken, Fühlen und Wollen. Nun wendet er sich der Frage nach dem Erwachen des Menschen im Ich zu:

> Wenn er sagt: Ich bin, so spricht er dies nicht aus der eigentlichen, unvergänglichen, durch Tod und Geburt gehenden Individualität heraus, sondern aus der Spiegelung der selben im Selbstbewußtsein, das jedesmal, wenn er einschläft, im Nichts zu verschwinden scheint. Wie kann er in seiner ewigen Ichheit aufwachen? Den Weg dazu zu weisen, ist eine Aufgabe, die von der Geisteswissenschaft als solcher erfüllt worden ist. Der Künstler hat, was sie im allgemeinen zeigt und was für jeden Menschen Geltung hat, im besonderen zu schildern, sei es als Musiker, Maler oder Dichter. Wenn er sich darin nicht immerwährend übt, wird die Kunst überhaupt keine Fortschritte mehr machen. Diese Gefahr kündet sich heute schon in vielen Symptomen an.
> Der Mensch wacht auf in seinem Ich, wenn er ja zu seinem Schicksal sagt, gleichviel wie es beschaffen sein mag. Indem er sich zu seinem Karma so verhält, als ob er selbst es gewollt haben würde, lebt er in einem viel weiteren Ich, als wenn er nur ‹ich bin› spricht. Er bejaht sein Ich in einem höheren und tieferen Sinne als dem bloßen Ich-Bewußtsein. Er sagt nicht nur: Ich bin ein denkendes, fühlendes, wollendes Ich (in drei Graden sich steigernder Wachheit), sondern: Ich bin ein Seiender, im ‹eigenen Geisteswesen›, das nicht nur ein irdisches, sondern auch ein kosmisches ist. Der Mensch, der in seinem Ich aufwacht, lebt in einem Geistessein, das schicksalbildend wirkt [...].[23]

---

22 Ebd., S. 13–20.
23 Ebd., S. 21–22.

Diese Auszüge aus Steffens Abhandlung «Dichtung als Weg zur Einweihung» betonen die Stellung der Initiation in der Kunstsphäre. Die bewusste Initiation wird somit zur Grundlage, auf welcher die Kunst den anderen Kulturbereichen neu begegnen kann, von denen sie sich im Laufe der letzten Jahrhunderte getrennt hat. Steffen sucht nach einer «therapeutischen Poesie». Für ihn soll die Dichtung selbst eine heilende Tätigkeit werden, d.h. sie soll in die Willenssphäre des «außerkünstlerischen» Lebens geführt werden. Durch den Schwellenübergang stehen die Dichtung im Besonderen sowie die Kunst im Allgemeinen vor der Frage nach der erneuten Beziehung des Poetisch-Ästhetischen zum Ethisch-Moralischen.[24] Diese Beziehung kann sich nur durch eine Bewusstseinserweiterung auf geisteswissenschaftlicher Basis der Menschen- und Weltauffassung etablieren. Es handelt sich eigentlich um die Frage nach der erneuten Beziehung der drei Kulturebenen zueinander – Wissenschaft, Kunst und Religion. **Das esoterisch gewordene Mystische drängt wieder an die Oberfläche.** Es möchte bewusst und aktiv die menschliche Kultur mitgestalten. Nun soll das neue, vereinigende Element als ein individuelles Element aus dem Menschen selbst hervorgehen, der sich selbst durch diese Geistesgeburt als ein allumfassendes Ich, als «Menschen-Welten-Wesen» erfährt.

---

24 Das ist tatsächlich eine der großen Fragen der Bewusstseinsseele – die Frage nach der Bewältigung des Bösen: Kann Kunst «gut» sein und dem Bösen dienen? Man kann z.B. der Meinung sein, dass ein bestimmter Film «ausgezeichnet» ist, aber ist er auch ein «guter» Film? Die ethische Frage, die Willensfrage, tangiert erneut die ästhetische Frage bzw. die Kunstfrage.

Der Zeitorganismus des Schwellenübertritts

Um uns weiter in das Mysterium des Schwellenübertritts in unserer Zeit zu vertiefen, wollen wir nun unser Augenmerk auf drei zentrale, mit unserer Zeit zusammenhängende Geistesereignisse richten, über die Steiner in seinen Vorträgen zur «Apokalypse des Johannes» im Jahre 1924 spricht. Er nennt sie die «drei Mysterien».[25] Das erste ist das Ereignis von Michael, mit dem das Michael-Zeitalter beginnt, das Steiner auf das Jahr 1879 datiert. Das zweite ist das 1933 beginnende Wiederkunftsereignis. Das dritte findet gegen Ende des 20. Jahrhunderts statt, nämlich 1998, und besteht im Aufsteigen des Sonnendämons Sorat aus dem Abgrund, das alle Ereignisse in den vorausgegangenen Jahrzehnten in den Schatten stellt und sich auch auf die darauffolgenden Jahrzehnte auswirkt. Der Michael-Impuls ermöglicht die Entwicklung der Erkenntnissprache als Vorbereitung auf das Wiederkunftsereignis. Das Sorat-Wesen steht am Ende des 20. Jahrhunderts als der notwendige Widerstand zu jenem transformativen Geschehen, das in den Dreißigerjahren dieses Jahrhunderts beginnt. Steiner beschreibt also drei zentrale Ereignisse der aktuellen Epoche. Im Folgenden betrachten wir die Frage des Schwellenübertritts angesichts dieser drei Ereignisse, in denen wir weitgehend die Organe eines einzigen mehrdimensionalen Zeitorganismus erblicken können.

---

25 Rudolf Steiner, Vorträge und Kurse über christlich-religiöses Wirken, GA 346, Vortrag vom 12.9.1924, Dornach 1995, S. 125 ff.

1. Das Michael-Ereignis

Verdunkelung und Durchbruch

Der Michael-Impuls unserer Zeit ist vor dem Hintergrund der Zeit zu verstehen, in der er auftritt. Das Kali-Yuga wird, wie wir bereits gesehen haben, am Ende des 19. Jahrhunderts abgeschlossen. Mit seinem Schlussakkord verstärkt sich das materialistische Bewusstsein. Im Rückblick auf das 19. Jahrhundert können wir erkennen, dass es mit dem großen Impuls der Romantik beginnt. Nach Steiner führen z.B. Goethe, Schiller und Novalis eine Art Michael-Vorimpuls. Aus Gründen, auf die wir nachstehend eingehen, kommt es in der Mitte des Jahrhunderts zu einem Höhepunkt des Bewusstseinsmaterialismus. Die Grundlagen für die materialistischen Impulse, die nachher im Laufe des 20. Jahrhunderts erscheinen und vornehmlich eine Lebensform bilden, wollen wir in den Weltanschauungen suchen, die sich in jenen Jahrzehnten um die Mitte des 19. Jahrhunderts entwickelten. Unter den zentralen Anschauungen, die in diesem Zusammenhang besprochen werden können, finden sich jene, die mit dem Darwinismus, dem Marxismus und dem Nationalismus zusammenhängen.

Im Jahre 1848 veröffentlicht Karl Marx «Das Kommunistische Manifest», in dessen Mittelpunkt eine historische Auffassung steht, die ausschließlich auf wirtschaftlichen Beziehungen basiert. 1848–49 findet der Völkerfrühling statt, in dem der nationale Impuls erwacht, der nachher teilweise nationalistisch wird. 1859 erscheint Charles Darwins erstes großes Buch «Über die Entstehung der Arten», in dessen Mittelpunkt eine Entwicklungsauffassung steht, die auf biologischen Beziehungen basiert (im Kern wurde das Buch bereits ca. zehn Jahre vor seiner Veröffentlichung verfasst). Vor uns liegen folglich drei zentrale Impulse, die eines gemeinsam haben, nämlich den Versuch, den Menschen von einem nur irdischen, körperlichen, physiologischen Blickpunkt aus zu verstehen, also unter Verneinung des individuell geistigen Elements.

Steiner nennt als Indikation die Tatsache, dass das, was im Laufe der zweiten Hälfte des 19. Jahrhunderts Bewusstsein war, im Laufe des 20. Jahrhunderts zur Lebensrealität wird:[26] Die Ideen, die Prinzipien und der Idealismus in Verbindung mit dem Nationalismus und später dem theoretischen Rassismus werden in der ersten Hälfte des 20. Jahrhunderts zu rassistischen und faschistischen politischen Bewegungen und Organisationsformen; der anfangs als Idee erdachte Marxismus wird durch die kommunistische Revolution in Russland ebenfalls zu einer Realität; und der Darwinismus trägt, wenn er auf die Realität des externen Lebens angewandt wird, zur Verstärkung der kapitalistischen Weltanschauung bei. Diese drei großen gestaltenden Impulse des 19. Jahrhunderts sind mit ihrer materialistischen Färbung maßgeblich für vieles, was im Laufe des 20. Jahrhunderts kommen wird. Der Marxismus dehnt sich nach Osten aus, nach Russland; in Mitteleuropa stärkt sich der Nationalismus; und im Westen blüht der Darwinismus mit seinen wirtschaftlichen und gesellschaftlichen Folgen.[27]

In diese Zeit hinein, in der sich die Menschheit bewusstseinsmäßig in ihrer irdischsten Phase befindet, wird der neue Michael-Impuls geboren. Das ist das Drama des neuen Michael-Zeitalters.

---

26 Vgl. Rudolf Steiner, Esoterische Betrachtungen karmischer Zusammenhänge, Bd. 3, GA 237, Dornach 1991, S. 43–44. Die Beschreibungen in diesem Kapitel in Bezug auf Steiners Worte über Michael sind ebenfalls hauptsächlich demselben Vortragszyklus entnommen, in welchem Steiner vor den Mitgliedern der Anthroposophischen Gesellschaft zentrale Aspekte des Karmas hinter dieser Bewegung auslegt. Dies wird im Vortragszyklus in GA 238 erweitert.

27 So z. B. in der als «Sozialer Darwinismus» bekannten Strömung als Extremfall des Kapitalismus. Auch das Bildungswesen wird in vieler Hinsicht darwinistisch, wenn man von «Exzellenz» spricht, die direkt oder indirekt auf dem Fortkommen der Starken basiert.

Zwischen zwei Michael-Zeitaltern

Der Name «Michael» deutet auf den Auftrag bzw. die Rolle hin – auf Hebräisch bedeutet dieser Name «Wer ist wie Gott». Die Grundgeste dieses Wesens hängt mit einem Hinwenden des Bewusstseins zum Jenseits, zum Sein Gottes zusammen. Goelzer charakterisiert Michael in drei Bildern, die aus der menschlichen Kultur hervorgehen: Im ersten Bild steht Michael vor uns mit einem Lichtschwert. Im zweiten hält Michael eine Waage, dem Sternzeichen des Herbstanfangs. Im dritten sehen wir Michael in Gestalt seines menschlichen Vertreters, des Heiligen Georg, der gegen den Drachen kämpft.[28] Das Schwert steht für das Denken, für den Michael-Kampf um die geistige Wahrheit; die Waage steht für die Sphäre des Herzens bzw. die absolute Ehrlichkeit gegenüber sich selbst und die Gerechtigkeit als eine Qualität des Herzens; der Kampf gegen den Drachen liegt in der Sphäre des Willens – das Einstechen auf den Drachen mit dem Lichtspeer, dem Speer des Bewusstseinslichtes, bedeutet die Umwandlung der Tiefen. Michael führt die Menschheit und tut dies als Wesen aus der Sphäre der Erzengel neben sechs weiteren. Dies erfolgt in einem Zyklus von aufeinander folgenden Epochen von jeweils ca. 350 Jahren.

In genau diesem Zusammenhang beschreibt Steiner ein früheres Michael-Zeitalter, das um den Höhepunkt der griechischen Klassik herum stattfand und etwa um das Jahr 200 n. u. Z. zu Ende ging. Die großen Errungenschaften der griechischen Klassik in der Kunst, der Architektur, dem Drama und vor allem in der Philosophie entsprangen der direkten Inspiration Michaels. Die Michael-Tätigkeit verstärkte sich und breitete sich später in weiten Teilen der Erde aus, und zwar durch die Eroberungszüge Alexanders des Großen. Schulen

---

28 Für Michael als der Träger des Schwertes und der Waage siehe Georg Goelzer, Der Weihenachtsbrunnen, Dornach 1988, S. 76–77. Für Sankt Georg als Stellvertreter von Michael siehe Georg Goelzer, Palladion, Gral und Grundstein, Dornach 1989, S. 56.

und Bibliotheken entstehen überall, wo Alexander eintrifft, und verbreiten den Michael-Impuls weiter.

Steiner beschreibt die Michael-Tätigkeit als eine Tätigkeit zwischen zwei Polen: **Einerseits versucht sie die individuelle Tätigkeit des Menschen zu stärken, andererseits will sie das kosmopolitische, universelle Bewusstsein stärken.**[29] Michael bringt einen Impuls mit, der das Trennende zwischen den Menschen (Nationalität, Rasse) durchbrechen will, um ein Bewusstsein herbeizuführen, das einen individuellen und dennoch gleichzeitig einen universellen Kern hat. In der griechischen Kultur und noch mehr in Alexanders historischem Tun macht sich diese Qualität so bemerkbar, wie sie sich vor dem Christentum entfalten konnte. In unserer Zeit kann jedoch dieser Impuls von einer neuen Ebene durchbrechen.

Im vorherigen Michael-Zeitalter bestand die Aufgabe Michaels in der Entwicklung eines Bewusstseins, das die Menschheit auf das «Stirb und Werde»-Ereignis von Golgatha vorbereitete. Michael hatte eine Art Bewusstseinsgefäß zu bilden, das die Menschheit auf die Erscheinung des Christus-Wesens vorbereitete. In unserer Zeit handelt Michael in ähnlicher Weise, und zwar in zweifacher Richtung. Die eine hängt mit dem aus Michael fließenden Strom eines geistigen Bewusstseins zusammen, das es dem Menschen ermöglicht, die innere, umfassende Bedeutung der Kreuzigung und Wiederauferstehung in sein Bewusstsein aufzunehmen, nachdem diese jahrhunderte-, gar jahrtausendelang hauptsächlich auf die Sphäre des Glaubens beschränkt gewesen ist. Die andere Richtung ist die Bildung eines Bewusstseinsgefäßes für das Geschehen des Schwellenübergangs in unserer Zeit sowie für dessen Kernereignis – die Erscheinung Christi in der ätherischen Sphäre, die an diese Erde grenzt.

Um die Bedeutung von Michaels Aufgabe in unserer Zeit

---

29 Steiner, Esoterische Betrachtungen karmischer Zusammenhänge (siehe Anm. 26), S. 125.

vollends zu begreifen, müssen wir allerdings eine weitere Perspektive eröffnen. Steiner beschreibt Michael als ein geistiges Wesen, das für die Menschheit die kosmische Intelligenz der Sonnensphäre trägt. Nach Steiner fühlten die Menschen bis Aristoteles nicht, dass die Gedanken ihre eigenen sind. Sie fühlten bei ihren Gedanken, dass die Gedanken des Universums «durch sie gedacht» werden, dass ein kosmisches Wesen durch sie denkt. Michael ist der Träger der kosmischen Intelligenz, von der sich Menschen in früheren Zeiten inspirieren lassen konnten. Rund um die ersten Jahrhunderte unserer Zeitrechnung beginnt Michael selbst zu empfinden, wie die kosmische Intelligenz ihn verlässt. Dies sollen wir uns imaginativ vorstellen: Die von Michael geführte Intelligenz löst sich aus seinem Griff und strömt allmählich in die Erde. Was früher in Michaels geistiger Vollkommenheit der Sonnensphäre enthalten war, steigt nun in den ersten Jahrhunderten nach dem Golgatha-Mysterium langsam auf die Erde nieder. Die Intelligenz wird irdischer und menschlicher. Menschen beginnen das Gefühl zu haben, dass sie sich ihr Denken zu eigen machen und dass es dadurch immer autonomer und persönlicher wird. Es handelt sich um einen gravierenden Änderungsprozess des Bewusstseins, der sich über einen Zeitraum von ca. 2000 Jahren erstreckt. Im Folgenden versuchen wir, einige seiner zentralen Stationen nachzuzeichnen.

In den früheren Epochen bis zu den Jahrhunderten vor dem Golgatha-Mysterium herrschte die Auffassung, dass der Mensch ein Wesen von **Leib, Seele und Geist** ist. Das heißt: Der Mensch weist einen endlich-körperlichen und einen subjektiv-seelischen Aspekt auf, wobei der Kern seines Wesens unendlich-geistig ist. Diese Auffassung unterzieht sich einer Änderung in der Folge des Abstiegs der kosmischen Intelligenz auf die Erde. Steiner weist auf ein Ereignis aus dem Jahr 869 n. u. Z. bei dem achten ökumenischen Konzil in Nicäa hin. Dort versammelten sich die Kirchenhäupter und entschieden über ein neues Dogma, nach welchem **der Mensch nur aus**

Leib und Seele besteht und die Seele geistige Charakteristika aufweist. Die bisherige Trichotomie von Leib, Seele und Geist gilt nunmehr als Ketzerei. Somit verfügt der Mensch als Einzelner über keine direkte Verbindung zum Geist mehr. Es geht also nicht um die Negation des Geisteswesens an sich, sondern um eine Negation der unmittelbaren Verbindung zum Geist in Bezug auf den einzelnen Menschen. Und wenn der Mensch als Einzelner nicht mehr in einer unmittelbaren Beziehung zum Geist stehen kann, bedarf er folglich vermittelnder Systeme.

Hatten die Menschen bis Aristoteles noch das Gefühl, dass die Gedanken durch sie denken, so beginnen sie sich jetzt so zu fühlen, dass ihre Gedanken ihnen gehören. Aber wenn meine Gedanken tatsächlich «mir» gehören, dann sind sie ebenso subjektiv wie meine Gefühle und mein Wille. Daraus folgt, dass ich die Wirklichkeit nicht mehr durch das Denken erkennen kann. Es entsteht eine Trennung zwischen der Tätigkeit der menschlichen Erkenntnis und der Welt. Diese Entwicklung verstärkt sich in den folgenden Jahrhunderten und erreicht ihre gedankliche Ausformulierung im 12. und 13. Jahrhundert, nämlich in der nominalistischen Strömung, die vornehmlich bei den Franziskanern entsteht. Gemäß dieser Auffassung sind die Gedanken Nomen bzw. Namen und als solche enthalten sie nicht die Wirklichkeit der Welt, sondern sind allenfalls Widerspiegelungen des Erfassten. Diese begriffliche Verallgemeinerung hat kein eigenes Wesen, welches nunmehr nur den spezifischen Sinnesobjekten vorbehalten ist. Denkt man in dieser Richtung weiter, so führt sie einen bis ins 18. Jahrhundert und zu ihrer essenziellen Ausformulierung im Denken Kants. Kant spricht darüber, dass wir nicht «das Ding an sich» begreifen können, sondern nur dessen Widerspiegelung in unseren strukturellen Kategorien. Ich begreife die Welt durch den Filter meiner eigenen Bewusstseinsstruktur. Diesen Sichtweisen, der dualistisch-kantianischen und der nominalistischen, liegt dieselbe Reduktion zugrunde, dieselbe Beschränkung des Menschen auf ein Wesen aus Leib und Seele allein.

Denn nur das unendlich-geistige Element kann den Menschen erkenntnismäßig unmittelbar mit dem Sein verbinden.

Im Laufe des 19. Jahrhunderts unterzieht sich die Auffassung des Menschen als physisch-seelisches Wesen einer weiteren Reduktion: **Von der Auffassung des Menschen als Leib und Seele hin zur Auffassung des Menschen als Leib allein.** Diese weitere Reduktion des Erkenntnisdualismus führt zu einer ausschließlich materialistisch-körperlichen Erkenntnissichtweise. So vollzieht sich der Reduktionsprozess von der antiken Trichotomie von Leib, Seele und Geist über den mittelalterlichen Leib-Seele-Dualismus bis zur modernen, rein körperlichen Auffassung des 19. Jahrhunderts.

Dementsprechend ist der Ausgangspunkt der oben erwähnten Ideologien Marxismus, Darwinismus und Nationalismus im Wesentlichen ein leiblicher: Marx beschreibt alle historischen Prozesse als Ergebnisse rein wirtschaftlicher Triebe; Darwin beschreibt den Menschen als ein ich-loses Wesen, d. h. eigentlich als ein hochentwickeltes Tier; und der Nationalismus betont, auch wenn er nicht unbedingt das geistige Sein eliminiert, dennoch das leibliche Element, indem er die Blutsverwandtschaft und die Erblichkeit zur zentralen Grundlage menschlicher Gemeinsamkeiten erklärt. So gesehen ist der Mensch nur noch ein Wesen mit einem physischen Leib und einem Lebensleib mit bestimmten astralischen Charakteristika.

Nun stellt sich die Frage: Was ist die Aufgabe Michaels im Laufe jener Jahrhunderte, in denen die kosmische Intelligenz immer menschlicher und irdischer wird? In diesem Zusammenhang wollen wir bedenken, dass die Vermenschlichung und Personalisierung der Intelligenz entwicklungsmäßig zwar notwendig ist, aber Gefahren in sich birgt. Vor diesem Hintergrund können wir die Aufgabe von Michael und dessen Mitkämpfern auf Erden darin sehen, dass sie in diesem Abstieg den geistig-kosmischen Faden halten, in dem die Intelligenz langsam in den Besitz der Menschen übergeht. Das bedeutet, dass Michael und seine Mitkämpfer darauf hinarbeiten, dass die kosmische Intelligenz bei ihrem Abstieg auf die Erde und ihrer Verwandlung in menschliches Denken in der irdischen Sphäre dennoch ihren lebendigen, geistigen Kern beibehält, damit sie später, mit dem Beginn der neuen Michael-Zeit gegen Ende des 19. Jahrhunderts, neu aufgefangen und zum Geist zurückgeführt werden kann.

Kehren wir nun in das 9. Jahrhundert zurück, in eine Zeit, in der die Intelligenz erstmals im wahren Sinne menschlich wird. Im Rahmen dieses Prozesses findet ein unaufhörliches Ringen darum statt, jenen Ariadnefaden des auf der Erde lebenden Michael-Denkens zu bewahren. In bestimmten Epochen muss dieser Kampf im Untergrund erfolgen. Darin besteht die Aufgabe des esoterischen Christentums: Manichäismus, die Grals-Strömung und später das Rosenkreuzertum. Der Grals-Impuls wird im 8. Jahrhundert gegeben, um die kosmische Intelligenz bei ihrem Abstieg auf die Erde angemessen zu empfangen. Dieses Geschehen rund um die Parzival-Geschichte datiert Steiner auf das 9. Jahrhundert, d.h. auf ca. 869, das Jahr des Abstiegs der kosmischen Intelligenz auf die Erde. Als Parzival das Grals-Schwert in die Hände nimmt, wird ihm die kosmische Intelligenz übergeben. Nun hat er das Schwert des Michael-Denkens auf der Erde zu tragen.[30] Dies bleibt dann die Aufgabe der Michael-Strömung auch in den darauffolgenden Jahrhunderten bis zur neuen Michael-Zeit.

So können wir z.B. wahrnehmen, wie der geistige Michael-Faden durch zwei wichtige Impulse im 12. und 13. Jahrhundert fortlebt: Der eine in der neoplatonischen Schule, die in Chartres entsteht und nach Steiner die letzten Lichter des Mysterienwissens in sich aufnimmt; der andere bei den Dominikanern, wo streng logisches Denken im Geiste Aristoteles' sich bereits als Vorbereitung auf die Zeit der Bewusstseinsseele entwickelt. Denker wie Albertus Magnus und Thomas

---

30 Goelzer, Palladion, Gral und Grundstein (siehe Anm. 28), S. 63.

von Aquin kämpften gegen das nominalistische Denken und für die universelle Realität des menschlichen Denkens.

Ab Mitte des 19. Jahrhunderts, rund um die Jahre, in denen die großen materialistischen Impulse hervortreten (1842–1879), findet ein großer Kampf in der übersinnlichen Sphäre statt. Bildlich lässt er sich als der Kampf zwischen Michael und dem Drachen beschreiben, oder zwischen Michael und dessen Heerscharen einerseits und den ahrimanischen Wesen andererseits. Die irdische Ausdrucksweise dieses Kampfes, sozusagen sein Schatten auf Erden, ist die Verstärkung der materialistischen Tendenz in der irdischen menschlichen Kultur der zweiten Hälfte des 19. Jahrhunderts. Das Bewusstsein wird auf der Erde immer dunkler bis zum November 1879, als der Kampf entschieden wird: Michael überwältigt den ahrimanischen Drachen und bahnt somit den Weg zum Anfang der neuen Michael-Zeitalter. Der Drachen steigt seinerseits eine Sphäre hinab und wird in die Tiefen der irdischen Sphäre hinuntergestoßen.

Es handelt sich mithin um ein doppeltes Geschehen: Einerseits entsteht durch den neuen Michael-Impuls die Möglichkeit, die irdisch gewordene Intelligenz wieder – umwandelnd – zum Geist zurückzuführen. Andererseits entsteht durch den Abstieg Ahrimans in die irdische Sphäre ein Widerstand gegen das Geistige, wie ihn das menschliche Bewusstsein noch nie erlebte. Der Ausgangspunkt der ahrimanischen Tätigkeit liegt nunmehr gerade hier, innerhalb der irdischen, menschlichen Kultur. Was wäre passiert, wenn der Menschheit nur der Michael-Impuls zuteilgeworden wäre, ohne dabei auf die ahrimanische Widerstandskraft zu treffen? Damit das Michael-Element aus dem Ich entstehen kann, müssen wir es durch Widerstand auf die Welt bringen, denn **die Bedeutung der neuen Michael-Zeit besteht gerade in neuen Bewusstseinsmöglichkeiten, die gegen den immer stärkeren Widerstand wachsen.** Der Mensch bekommt zwar neue Möglichkeiten des Bewusstseins, jedoch hat er sie aus seiner Innerlichkeit herauszuholen, aus einer freien Position heraus und durch schwere Prüfungen bei den Begegnungen mit den Gegenwesen.

Die neue Michael-Zeit

Das mit Goethe, Schiller, Hegel, Fichte und anderen begonnene 19. Jahrhundert erreicht in seiner Mitte eine Bewusstseinsverdunkelung durch die oben beschriebenen materialistischen Impulse. Inmitten dieser geistigen Verdunkelung beginnt die neue Michael-Zeit, eine neue Öffnung zum Geist. Der Zeitraum vom Beginn der neuen Michael-Zeit bis zum Ende des Kali-Yuga am Anfang des 20. Jahrhunderts beträgt 21 Jahre. Dies ist in kultureller Hinsicht ein faszinierender Zeitabschnitt, der die Geburt neuer Impulse wie etwa des Impressionismus und des Expressionismus auf dem Gebiet der Kunst und des Symbolismus in der Dichtung nach sich zieht. Ein neues Bewusstsein beginnt sich zu manifestieren. Zugleich ist dies eine Zeit, in der tragische Figuren wie Nietzsche zwar einen freiheitlichen Michael-Impuls in sich tragen, aber gewissermaßen in dessen Gegenteil umkippen. In den Werken Van Goghs zeigt sich etwas von diesem neuen Michael-Impuls, aber Van Gogh kann ihn noch nicht in einem wachen Bewusstsein ausleben. Im Februar 1861 wird Rudolf Steiner geboren. Sein Geburtsjahr liegt folglich in der materialistischen Epoche fest verankert, während sein Werk bereits in die neue Michael-Zeit führt. Steiner ist der Vertreter schlechthin der anfänglichen Michael-Tätigkeit auf Erden.

Zählen wir ab Beginn der christlichen Zeitrechnung jedes Jahrhundert als ein menschliches Lebensjahr, so stellt das 19. Jahrhundert eine Art Mondknoten des christlichen Impulses dar. Von diesem Blickpunkt aus beginnt die Michael-Zeit 1879 genau im ersten Mondknoten des christlichen Impulses. Ein Mondknoten (18,6 Jahre) ist die Zeit im Leben des Menschen, in der die Schnittlinie zwischen der Erdbahn-Ebene und der Mondbahn-Ebene, d. h. der Mondknotenachse sich dort befindet, wo sie zu seiner Geburt war. So entsteht eine Art Mondgefäß, das das Sonnenelement des Ich im Alter von 21 Jahren aufnehmen soll. Steiner, der im Februar 1861 geboren worden ist, befindet sich in seinem Mondknoten genau am Anfang der Michael-Zeit (November 1879). Sein Michael-Auftrag hängt mit diesem Augenblick des «Mondknotens der Menschheit» zusammen, der sich aus dem Kampf gegen den ahrimanischen Drachen ergibt. Der Kampf zwischen Michael und dem Drachen findet in den Jahren 1842–1879 statt und dauert somit 37 Jahre, d.h. zwei Mondknoten. Der Michael-Impuls hängt eng mit der Vorbereitung des Bewusstseins auf den Sonnenimpuls des «Ich bin» zusammen, das in der Menschheit unserer Zeit geboren werden möchte.

Mit seinen Worten zum Michael-Impuls zielt Steiner auf zwei Hauptaspekte. Der erste hängt mit der Transformation des Erkenntnislebens zusammen: Beim Abstieg der kosmischen Intelligenz auf die Erde wurde das menschliche Bewusstsein zwar selbstständiger, doch zeitgleich auch persönlicher. **Diese Personalisierung des Erkenntnislebens hat für die bewusste Erfahrung des Menschen einen Erkenntnisdualismus zur Folge.** Es entsteht ein Bewusstseins- und Erfahrungsabstand zwischen mir und der Welt. Dieser Abstand wird von Kant als eine Art Abgrund zwischen den Bewusstseinskategorien des Menschen und dem «Ding an sich» formuliert. Der Materialismus der zweiten Hälfte des 19. Jahrhunderts setzt diesen Prozess fort. So gesehen ist die «Philosophie der Freiheit» (1894) der zentrale Michael-Impuls am Ende des 19. Jahrhunderts. Darin zeigt Steiner, dass die Beobachtung des Denkens zu einem Standpunkt führt, der Objekt und Subjekt gleichzeitig umfasst. Das Bewusstsein meines eigenen Seins umfasst beides und bildet an sich schon eine Erfahrung «jenseits der Schwelle», d.h. **die Erkennung meines eigenen Seins als Geisteswesen.** Hierin besteht der große Erkenntnisdurchbruch in der «Philosophie der Freiheit», der es Steiner später, mit Beginn des 20. Jahrhunderts, ermöglicht, seine geistige

Forschung allmählich direkt aufzudecken. Zuerst hatte er die monistisch-dynamische Denkbrücke zu bauen, damit sie der Überquerung zu den direkten Ergebnissen der anthroposophischen Geistesforschung dienen kann.

Der zweite Aspekt hängt mit der Willenssphäre zusammen. Nach Steiner hat der Abstieg der kosmischen Intelligenz auf die Erde das Chaos in der Karma-Sphäre zur Folge.[31] Es besteht ein notwendiges Binnenverhältnis zwischen dem Bewusstseinszustand des Menschen und seinem Zustand in der Schicksalssphäre, d. h. ein Zusammenhang von Bewusstsein und Willen. Wir befinden uns heutzutage innerhalb dieses Chaos. Das sozial-kulturelle Chaos, in dem die Menschheit unserer Zeit steckt und welches durch das Schwellenübertrittsgeschehen weiterhin gestärkt wird, geht auf jenes Chaos in der Karma-Sphäre zurück. Ein gespaltenes Bewusstsein führt zu einer Spaltung in der Willenssphäre. Nur Einheitsbewusstsein, das sich aus der Erkenntnisüberwindung des Dualismus entwickelt, kann die Grundlage für eine Regelung und Harmonisierung unseres Gemeinschaftslebens bilden. Dies gilt auch, wenn es zunächst nur «homöopathisch» erfolgt. Nur ein monistisches, universell-individualistisches Bewusstsein kann heilend in der Karma-Sphäre wirken. So führt der Michael-Impuls in der Bewusstseinssphäre zu Umwandlungsprozessen in der Willenssphäre des Karmas.

31 Mehr dazu im vierten Kapitel: «Die Michael-Schule».

2. Das Wiederkunftsereignis

Kreuzigung an dem Bösen und die Freiheitsfrage

Das zweite Ereignis, von dem Steiner in Bezug auf unsere Zeit spricht, ist die Wiederkunft Christi im Ätherischen, dessen Hauptaugenblick 1933 stattfindet und das Kernereignis des Schwellenübergangs in unserer Zeit darstellt. Dieses Geschehen wirkt weiter und führt die Menschheit weit in die nächsten Jahrhunderte und Jahrtausende. Nach Steiner beginnt in den Dreißigerjahren des 20. Jahrhunderts in der ätherischen Sphäre, die der irdischen am nächsten liegt, eine Art metamorphosierte Wiederholung des Golgatha-Mysteriums der vierten Kulturepoche.[32] Während das Golgatha-Ereignis in der sinnlich-materiellen Sphäre stattfand und man den Christus in einem leiblichen Körper sehen konnte, findet das aktuelle Geschehen in der Lebenssphäre statt, in der ätherischen Sphäre. Deswegen wird es möglich sein, den Christus nicht sinnlich, sondern innerlich, übersinnlich zu erfahren. Das Ereignis von 1933 setzt jenes Ereignis des Jahres 33 der christlichen Zeitrechnung fort und bildet einen weiteren Puls im großen Lebensstrom des Christus-Wesens. Steiner beschreibt es als das zentrale und wichtigste Ereignis unserer Zeit und die Geisteswissenschaft als Vorbereitung auf dieses Ereignis:

> So erfassen wir jetzt Geisteswissenschaft in einem ganz anderen Sinn. Wir lernen, daß sie etwas ist, was uns eine ungeheure Verantwortung auferlegt, denn sie ist eine Vorbereitung auf das ganz konkrete Geschehen des Wiedererscheinens des Christus. Der Christus wird wiedererscheinen deshalb, weil die Menschen sich zu ihm hinauf heben werden im Äthersehen. Wenn wir das erfassen, dann erscheint uns Geisteswissenschaft als die Vorbereitung der Menschen auf die Wiederkunft des Christus [...] Das ist das

---

32 Steiner, Das Ereignis der Christus-Erscheinung in der ätherischen Welt (siehe Anm. 1); Vortrag vom 25.1.1910.

größte Geheimnis unseres Zeitalters: das Geheimnis von dem Wiederkommen des Christus [...][33]

Das Golgatha-Ereignis der vierten Kulturepoche stellt eine Umstülpung der gesamten menschlichen Entwicklung dar. Denken wir über diesen gesamten Entwicklungszeitraum als einen großen Atemzug vom Weltenumkreis zum Mittelpunkt, so können wir sagen, dass das Wesen des Menschen als Welten-Menschen-Wesen sich nach innen zieht und ein Selbstbewusstsein gebiert. Das Geschehen der Kreuzigung und Wiederauferstehung ist der Augenblick der Überquerung dieses Mittelpunktes. Von dort aus beginnt eine neue Grundbewegung, die sich vom Mittelpunkt zum Umkreis ausbreitet. **Was früher vom Weltenumkreis aus als eine gestaltende, führende, kosmisch-göttliche Tätigkeit aktiv war, wird in diesem Mittelpunkt sterben und wiedergeboren und dann weiter zum Umkreis führen.** Diese Umkehrung legt einen Samen in die Menschheit für eine künftige Freiheit.

In diesem Sinne stellen die ahrimanischen und luziferischen Wirksamkeiten eine Art Hilfe im Verdichtungs- und Schließungsprozess des menschlichen Bewusstseins dar. Luzifer und Ahriman dienen als ein Gewicht, das den Menschen an das Irdische kettet (Ahriman) oder ihn in sich selbst abschließt (Luzifer) in einem immer selbstständigeren, aber auch persönlicheren Bewusstsein. Hierin liegt jedoch auch eine Gefahr: Das sich im Laufe der dritten und vierten Kulturepoche schließende Bewusstsein könnte rein persönlich werden. Eine solche Schließung hätte den Menschen zu einem Wesen gemacht, das nur von den irdischen Umständen beeinflusst wird und sich nur noch als ein irdisches Wesen erfährt. In der griechischen Zeit wurde es angedeutet, aber in der römischen Zeit wird diese Tendenz zu Wirklichkeit. Das Umkehrereignis durch den Mittelpunkt, die Kreuzigung und Wiederauferste-

33 Ebd., S. 28.

hung, bringt einen neuen Impuls in die menschliche Evolution. Die Tat Christi durchkreuzt das erhärtete Herz der irdischen Entwicklung und erlaubt dem Menschen – anfangs nur als Samen –, sich selbst erstmals von dem Mittelpunkt seines eigenen Wesens aus als Welten-Menschen-Wesen zu erfahren. In unserer Zeit geschieht Ähnliches, allerdings im Verborgenen, in der übersinnlichen Sphäre. Steiner beschreibt dieses Geschehen folgendermaßen:

> Jetzt, wo der Christus wiederum im Ätherischen erscheinen soll, wo wiederum eine Art Mysterium von Golgatha erlebt werden soll, jetzt wird das Böse eine ähnliche Bedeutung haben wie Geburt und Tod für den vierten nachatlantischen Zeitraum. Im vierten nachatlantischen Zeitraum entwickelte der Christus Jesus seinen Impuls für die Erdenmenschheit aus dem Tode heraus. Und man darf sagen: Aus dem erfolgten Tode heraus wurde das, was in die Menschheit einfloß. – So wird aus dem Bösen heraus auf eine sonderbare, paradoxe Art die Menschheit des fünften nachatlantischen Zeitraums zu der Erneuerung des Mysteriums von Golgatha geführt. Durch das Erleben des Bösen wird zustandegebracht, daß der Christus wieder erscheinen kann, wie er durch den Tod im vierten nachatlantischen Zeitraum erschienen ist.[34]

Die vordringliche Frage, mit der sich der Mensch in der vorangegangenen Kulturepoche auseinanderzusetzen hatte und die er zu überwinden hatte, war die Frage des Todes. Im grundlegenden Sinne ist der Tod die Endlichkeit und das aus ihm entstehende Bewusstsein ist ein Bewusstsein der Trennung. In der vierten Kulturepoche, der Zeit der Verstandesseele, erreicht dieses trennende Bewusstsein einen gewissen Höhepunkt. Es ist das persönliche Bewusstsein, das dabei ist, den Menschen innerhalb seiner eigenen Grenzen abzuschließen. Wenn man sich selbst nur im persönlichen Sinne kennt und sich selbst

34 Rudolf Steiner, Geschichtliche Symptomatologie, GA 185, Vortrag vom 25.10.1918, Dornach 1982, S. 104.

sagt: «So bin ich», dann wird sein Bewusstsein vom Tode beherrscht. Die Erfahrung, dass «die Gedanken mir gehören», ist ein Subjektivismus, der sich später verdichtet und im Materialismus kulminiert.

Die Frage des Todes ist die Frage der Endlichkeit. In seinem Vortragszyklus «Die Evolution vom Gesichtspunkte des Wahrhaftigen» beschreibt Steiner den Tod als Fremdheit von dem Ursprung.[35] Wird etwas von seinem Ursprung abgeschnitten, so ist es dem Tode geweiht. In der Pflanzenwelt ist dies leicht zu beobachten: Trennen wir einen Zweig vom Baum ab, wird er eine Weile später absterben. Bewusstseinsmäßig vollzieht sich bei den Menschen Ähnliches: Ist der Mensch vom Geistessein abgeschnitten und schließt er sich in seinen eigenen Grenzen ab, beginnt er sich als sterblich zu erfahren. Dies verdeutlicht den großen Impuls, den der Christus in der vierten Epoche setzte: der Impuls der Todesüberwindung. Um den Tod zu überwinden, müssen wir ihn durchmachen, dargestellt im Bild der Kreuzigung und Wiederauferstehung. Der Verkapselungs- und Auflösungsprozess der Menschheit wird durch die luziferische und ahrimanische Tätigkeit beschleunigt. Von den damals auf der Erde befindlichen Impulsen konnte keine Wende kommen. Die Menschheit benötigte kritische Unterstützung, um das Tor des Todes zu durchbrechen. Durch das Ereignis des «Stirb und Werde» ist dieser Impuls nun mit der Entwicklung der gesamten Menschheit vereint. Allerdings bedeutet die Überwindung des Todes noch keine Überwindung des Bösen.

Der Gedanke an wiederkehrendes Leben kann dies verständlich machen. Man kann den Gedanken der wiederkehrenden Erdenleben anerkennen und insofern die Grenzen von Geburt und Tod überwinden. In ehrlicher Selbstbetrachtung wird man aber zugeben müssen, noch nicht das ganze Sein des

35 Rudolf Steiner, Die Evolution vom Gesichtspunkte des Wahrhaftigen, GA 132, Vortrag vom 5.12.1911, Dornach 1999, S. 83 f.

Bösen in sich umgewandelt zu haben. In diesem Sinne stellt die Überwindung des Todes lediglich einen Ausgangspunkt für die Arbeit dar, die die Umwandlung des Bösen nötig macht. Die Frage des Bösen wird zur zentralen Frage unseres Zeitalters.

Im Zeitalter der Bewusstseinsseele wohnt jedem Menschen ein Potenzial des Bösen inne, sagt Steiner.[36] Es gibt nicht «gute» und «schlechte» Menschen, sondern solche, bei denen das Gute, und solche, bei denen das Böse überwiegt. **Der Ausgangspunkt zur Umwandlung des Bösen in das Gute liegt im Menschen selbst.** Wer meint, bereits voll und ganz auf der guten Seite zu sein, ist eigentlich bereits auf der anderen Seite. Durch die Leugnung des Bösen wird das Böse nach außen verlagert und einem anderen unterstellt. Meistens geschieht dies wechselseitig, sodass sich die Menschheit in «Gute» und «Böse» aufteilt, die für beide Seiten gilt. Im Westen blickt man nach Osten und spricht von der «Achse des Bösen». Im Osten blickt man gen Westen und spricht vom «großen Teufel» – dieselbe Logik. Die Umkehrung kann erst erfolgen, wenn aus tiefgründiger Selbstbetrachtung eingesehen wird, dass der Kampf in einem selbst stattfindet. Durch die eigene Bewältigung des Bösen in der Seele des Menschen wird Christus gekreuzigt und ersteht wieder auf. In unserer Zeit wird der Schwerpunkt von der Frage des Todes auf die des Bösen verlegt.

Stellt man sich die Frage nach dem Bösen, taucht unmittelbar die entgegengesetzte Frage auf: «Im Vergleich womit?» Die Beschäftigung mit dem Bösen verweist den Menschen auf das Göttliche und von dort aus auf das eigentlich Menschliche.[37] Die Frage nach dem eigentlich Menschlichen im Zeitalter der Bewusstseinsseele weist uns wiederum auf die Frage der Freiheit hin.

Die Freiheit hat der Mensch durch sein eigenes Tätigwerden zu erringen. Was die Gottheit durch die Schöpfung schuf, ist

36 Ebd.

37 Georg Goelzer, Alpha und Omega, Stuttgart 1997, S. 11.

ein Seinszustand, in dem sich Freiheit entwickeln kann. Diese Auffassung entspringt aus den großen Bildern vom Essen der Erkenntnisfrucht und von der Vertreibung aus dem Paradies. Innerhalb des Seins ist ein gewisser Abstand entstanden: Der Mensch ist nicht mehr nur vom göttlich Guten erfasst. Vielmehr steht er zwischen dem Endlichen (dem Tod) und dem Unendlichen, zwischen dem Vergänglichen und dem Ewigen; aus diesem Dazwischenstehen kann sich einerseits die Freiheit, anderseits das Böse entwickeln. **Handelt man innerhalb dieses Freiraums vom vollständig Ewigen aus, ist das eine freiheitliche Handlung. Handelt man vom unvollständig Endlichen aus, entsteht Böses.** Dies ist die große Gegensätzlichkeit unseres Zeitalters der Bewusstseinsseele. Die gesteigerte Möglichkeit zum Bösen erscheint als Herausforderung, die dem Individuationsprozess des Zeitalters der Bewusstseinsseele innewohnt.

In dieser Zeitenwende gibt Christus einen großen Impuls, den Impuls der Todesüberwindung. Bei der Überquerung des Todes und der Auferstehung entstehen Samen zur Wiederauferstehung für die Menschheit. In ähnlicher Weise stellt die Prüfung durch das Böse den zentralen Auftrag im Zeitalter der Bewusstseinsseele dar. Auch wenn der Mensch sich zum Geistigen öffnet, wartet noch die Bewältigung auf ihn, die mit der Umwandlung innerhalb seines eigenen Wesens zusammenhängt. Gerade wenn sich die Tore der Geburt und des Todes für die Menschen öffnen, verschärft sich die Frage der Bewältigung des Egoismus bzw. der unerlösten Anteile seines Wesens. Durch die Öffnung der Geburts- und Todestore wird der Schatten noch größer. Und genau an dieser Stelle geschieht in der Seele des Menschen das Mysterium der Kreuzigung und Wiederauferstehung unserer Zeit.

Die Öffnung der Lebenssphäre

Vollzog sich das Ereignis von Golgatha in der physisch-leiblichen Sphäre, die auch die Todessphäre ist, vollzieht sich das Wiederkunftsereignis in der ätherischen Sphäre, der Lebenssphäre. Ein Bild richtet unser Augenmerk auf die innere Bedeutung der Wiederkunft im Ätherischen: Es ist das Bild vom Gegensatz zwischen dem Erkenntnis- und dem Lebensbaum. Durch die luziferische Intervention in der lemurischen Epoche (in der Luzifer als die Schlange erscheint) wacht die Menschheit zum Selbstbewusstsein im astralischen Leib einerseits und zum physischen Körper andererseits auf. Es entstehen Innerlichkeit und eine sinnliche Auffassung der äußeren Welt. Der Mensch wird aus dem Paradies vertrieben, damit er nicht vom Lebensbaum isst. Das heißt: Die tiefen Geheimnisse des Lebensleibes mussten außerhalb des wachenden menschlichen Bewusstseins bleiben und von den göttlichen Wesen geschützt werden.[38]

Durch den Erkenntnisbaum lernt die Menschheit den physischen sowie den astralischen Leib kennen, aber aus ihrem Bewusstseinsraum wird die Sphäre des Lebensbaums, d.h. die ätherische Sphäre entfernt. Im Lebensbaum steckt das Mitte-Sein der Lebenssphäre. Nun öffnet sich in unserer Zeit genau das, was der Menschheit in Lemurien mit ihrer Vertreibung aus dem Paradies verschlossen blieb. Durch das Wiederkunftsereignis beginnen sich die Geheimnisse des Lebensbaums für die Menschheit zu öffnen.[39] Das bedeutet, dass das Bewusstsein anfangen kann, in der Lebenssphäre, dem ätherischen Sein, zu denken, zu verstehen, zu erleben, zu erfahren und spä-

38 Steiner, Die Geheimwissenschaft im Umriß (siehe Anm. 11), S. 251.

39 Die Umkehrungsachse bewegt sich in diesem Fall im Verhältnis des dritten, lemurischen Zeitalters zum fünften, zu unserem Zeitalter. Sie läuft parallel zur Umkehrungsachse zwischen der dritten, mesopotamisch-ägyptischen Kulturepoche und unserer, der fünften. Innerhalb dieser letzten Umkehrungsachse liegen auch die beiden oben beschriebenen Schwellen, welche das Kali-Yuga von beiden Seiten eingrenzen.

ter auch zu schaffen. Was ist jener Lebensleib? Der Lebensleib ist der Leib der Prozessualität und die ätherische Sphäre ist die Sphäre der Prozessualität. Durch das Wiederkunftsereignis kann sich die Prozessualität selbst in ihrem eigentlichen Wesen zum ersten Mal für das menschliche Bewusstsein enthüllen.

Im prozessualen Element und aus ihm heraus zu denken, bedeutet in ganzheitlichen Begriffen zu denken. Das mit der materiellen Welt verknüpfte Denken basiert auf einer additiven Auffassung, d.h. auf der Addierung eigenständiger Teile zu einem Ganzen. So baut der Mensch z.B. ein Haus aus einer Summe von Backsteinen. Dem Haus gegenüber steht der Organismus; man kann keinen lebendigen Organismus aus addierten Zellen oder Organen schaffen. **Der Organismus ist stets eine Ganzheit, die sich durch ihre verschiedenen Organe offenbart.** Biologisch gesehen ist auch die anfängliche Einzelzelle ebenfalls ein ganzer Organismus, der sich in viele Zellen und Organe differenziert. Durch das prozessuale Element bildet sich Vollständigkeit in der Zeitsphäre, das Vergangenheit, Gegenwart und Zukunft als eine Art «Zeitorganismus»[40] in sich birgt. Mit anderen Worten: Wollen wir das Leben begreifen, so müssen wir den Blickpunkt umkehren: mit dem Ganzen beginnen und von ihm auf die Einzelheiten kommen. Was ist das Ganze in diesem Zusammenhang? – Es ist der Prozess an sich. Darum sollen wir lernen, die Lebenssphäre als ein dynamisches, prozessuales Ganzes zu erfahren.[41]

Und was bedeutet es, dass Christus in der Lebenssphäre erscheint? Durch das Wiederkunftsereignis erscheint das Liebeswesen als das Wesen der Umwandlung in der elementaren Sphäre des Lebens.[42] **Das Umwandlungselement erscheint als**

40 Steiner nennt den Lebensleib auch «Zeitleib». Vgl. Rudolf Steiner, Menschenwesen, Menschenschicksal und Welt-Entwickelung, GA 226, Vortrag vom 16.5.1923, Dornach 1988, S. 15.

41 Einen zentralen Beitrag zum Prozessdenken leistete die Arbeit von Georg Goelzer bspw. in: Der kristallene Strom (siehe Anm. 4), S. 105–132.

42 Steiner spricht über Christus in seinem besonderen Zusammenhang mit

die Quintessenz des Lebens. Bildhaft gesprochen: In unserer Zeit wird der Lebensbaum zum Umwandlungsbaum.

Während die Prozessualität, die atmende «Dazwischen»-Sphäre des Lebensleibes, einen Ausgangspunkt für Heilungsprozesse bildet, ist das Umwandlungssein, das Liebeswesen, ein Ausgangspunkt für die Transformation des Bösen. Beides zusammen – die Prozessualität und die Umwandlung – hängt mit der Überwindung der Einseitigkeit des Menschen zusammen. Krankheiten entstehen durch Einseitigkeit in der astralen Sphäre, die bis in den physischen Körper abgestiegen sind und sich in Krankheitssymptomen zeigen. Das Böse wiederum mit seinen beiden entgegengesetzten Polen bedeutet Einseitigkeit in der Sphäre des Bewusstseinslichtes (Luzifer) sowie in der Sphäre der Verdichtung des Willens (Ahriman). Diese polarisierende Tätigkeit zerreißt den Menschen und kann zum Zusammenbruch seines Wesensmittelpunktes führen. Der Ausgangspunkt für Heilung und Umwandlung befindet sich im dynamischen, transformativen Bereich des Lebensleibes und der Lebenssphäre schlechthin, in welche in unserer Zeit das Umwandlungswesen eindringt.

Der Kelch der Frage

Durch die Erscheinung Christi in der Lebenssphäre kann der Mensch seine Nähe auf neue Art und Weise empfinden. Es gibt eine neue Möglichkeit für den Menschen, sich mit seiner Fragestellung innerlich an das Christus-Wesen zu wenden, welches ihm mehr als je zuvor nahesteht. In einem Vortrag aus dem Jahr 1917 sagt Steiner Folgendes:

---

dem Lebensgeist. Vgl. Rudolf Steiner, Bausteine zu einer Erkenntnis des Mysteriums von Golgatha, GA 175, Vortrag vom 20.2.1917, Dornach 1996, S. 59.

Und der Christus, der hat das Wort gesprochen, das zutiefst in die Menschenseele sich eingraben soll: Ich bin bei euch alle Tage bis ans Ende der Erdenzeit. [...] derjenige, der sich in diesen Dingen als Okkultist drinnenstehend fühlt, sagt: Er ist da! So ist er da, daß wir von ihm deutlich wissen, daß er nun mehr noch will mit seinen Menschenkindern, als er in verflossenen Jahrhunderten gewollt hat [...] Denn die Zeit wird kommen mit dem kommenden Christus, mit dem daseienden Christus, wo die Menschen lernen werden, nicht nur für ihre Seelen, sondern für das, was sie begründen wollen durch ihr unsterbliches Teil hier auf Erden, den Christus zu befragen. Der Christus ist nicht nur ein Menschen-Herrscher, er ist ein Menschen-Bruder, der befragt werden will, besonders in den kommenden Zeiten befragt werden will für alle Einzelheiten des Lebens [...] Und dennoch, die Zeit muß kommen, sie darf nicht ferne sein, wo die Menschenseele in ihrem unsterblichen Teil für dasjenige, was sie begründen will, die Frage an den Christus stellt: Soll es geschehen, soll es nicht geschehen? – wo die Menschenseele den Christus als sie liebenden Genossen im Einzelfalle des Lebens neben sich sieht und nicht nur Trost, nicht nur Kraft bekommt von der Christus-Wesenheit, sondern auch Auskunft bekommt über dasjenige, was geschehen soll [...] Derjenige, der den tieferen Sinn dessen, was unsere Geisteswissenschaft will, einsieht, der sieht in ihr nicht bloß ein theoretisches Wissen über [...] die Glieder der Menschennatur, über Reinkarnation und Karma, sondern er sucht in ihr eine ganz besondere Sprache, [...] das ist viel wichtiger, als daß wir uns theoretische Gedanken aneignen. Denn der Christus ist bei uns alle Tage bis ans Ende der Erdenzeiten. Seine Sprache sollen wir lernen. [...] Und wenn wir lernen, so recht in der Sprache dieses geistigen Lebens innerlich zu sprechen, dann, meine lieben Freunde, dann wird sich entwickeln, daß der Christus neben uns steht und uns Antwort gibt. [...] Suchen wir daher nicht bloß als Lehre, suchen wir als eine Sprache uns die Geisteswissenschaft anzueignen, und warten wir dann, bis wir in dieser Sprache die Fragen finden, die wir an den Christus stellen dürfen. Er wird antworten, ja er wird antworten! Und reichliche Seelenkräfte, Seelenstärkungen, Seelenimpulse wird derjenige davontragen, der aus grauer Geistestiefe heraus, die in der Menschheitsentwickelung dieser Zeit liegt, die Anweisung des Christus vernehmen wird, die dieser dem, der sie sucht, geben will in der allernächsten Zukunft.[43]

Warum sollen die Worte Christi – «Ich bin bei euch alle Tage bis ans Ende der Erdenzeit» – «zutiefst in die Menschenseele sich eingraben»? Die traditionelle Auffassung spricht vom Golgatha-Ereignis als einem einmaligen. Demgegenüber spricht die esoterische Auffassung über eine fortlaufende Entwicklung in Bezug auf dieses Wesen: Christus begleitet die Menschheit weiterhin auf ihrem Entwicklungsweg und erfährt selbst eine parallele Entwicklung. In unserer Zeit erreicht dieser gemeinsame Reifeprozess den Augenblick, in dem es möglich wird, den Christus zu «sehen», ihm zu begegnen, und zwar in der Sphäre an der Grenze zur Erde, der Lebenssphäre, und mit ihm dann in ein Lebensgespräch zu kommen. Das einzige Hindernis liegt im Menschen selbst. Er muss in den parallelen Lebensraum in seinem eigenen Wesen eindringen und in sich selbst den Weg zu Christus finden.

Daraufhin nennt Steiner zwei weitere wichtige Punkte: Der erste hängt mit der Betonung der Willenssphäre zusammen, d. h. mit allem, was der Mensch aus seiner Arbeit auf der Erde hervorbringen will. Christus wird den Menschen mit seinen Worten nicht nur Trost spenden, sondern nach Steiner auch konkrete Hinweise darauf geben, «was sie begründen wollen durch ihr unsterbliches Teil hier auf Erden». Steiner spricht hier tatsächlich von einem lebensspendenden Gespräch, ein lebensgestaltendes Gespräch mit dem Christus-Wesen. Die Betonung der Willenssphäre verschiebt den Schwerpunkt vom Selbst auf den Anderen: «... die Zeit wird kommen [...], wo die Menschen lernen werden, nicht nur für ihre Seelen, [...] den Christus zu befragen.» Der Trost gilt noch mir, während die Tat sich schon an die Welt wendet, an den anderen Menschen. **Der Schwerpunkt geht vom Ich als Ausgangspunkt auf**

43 Steiner, Bausteine zu einer Erkenntnis des Mysteriums von Golgatha (siehe Anm. 42), S. 31–34.

die Arbeit über, die unmittelbar mit dem Anderen zusammenhängt.

Der zweite Punkt hat im weiteren Sinne mit der Sprache zu tun, mit einer Umorientierung von einer rein erkenntnismäßigen, geistig-wissenschaftlichen Sphäre hin zu einer Sphäre des Herzens, zu einem individualisierten Sprechen. Dabei müssen wir bedenken, dass Steiner damit nicht sagt, dass die Anthroposophie diese Sprache ist, sondern, dass wir sie uns als Sprache aneignen sollen, denn es handelt sich um zwei unterschiedliche Dinge. Die Anthroposophie als Geisteswissenschaft liegt in einer erkenntnismäßigen Sphäre von Forschung, aber, wenn wir sie durch aktives Denken und erlebendes Meditieren verinnerlichen, kann sie in uns zu einem inneren Sprechen werden. Es ist ein Umwandlungsprozess. Die Geisteswissenschaft kann in jedem Menschen zu einer Sprache werden, die einerseits universell, anderseits jedoch ganz individuell ist. Es ist eine Geistessprache, aus welcher sich in uns die Fragen so stellen können, dass Christus sie beantworten kann. **Das ist der Übergang von Michaels Bewusstseinslanze, die verinnerlicht und zur Sprache wird, hin zu lebendigem Sprechen, das sich zum Gespräch mit dem Wesen des «Ich bin» entwickelt.** In diesem Sinne lässt sich sagen, dass die Anthroposophie als ein geistig-wissenschaftlicher Michael-Impuls auf die Welt kommt, um die Bewusstseinswerkzeuge, d.h. die Sprache zustande zu bringen, die eine Art Kelch für jenes unmittelbare Gespräch mit Christus ermöglicht.

Ein solches Gespräch ist dem Menschen nur durch das Überschreiten einer inneren Schwelle möglich, durch das Ablegen früherer Muster, durch die wiederholte Überschreitung von Situationen der Ohnmacht. Nur durch das Überschreiten jener Ränder, wo all unsere gewohnten Muster des Denkens, Fühlens und Wollens verstummen, ja sterben, nur so wird die unmittelbare Begegnung mit dem «Ich bin» möglich, d.h. mit dem Christus-Wesen, das gleichzeitig unser eigenes, eigentliches Wesen ist. Steiner beschreibt weiter, wie immer mehr

Menschen ab den Dreißigerjahren des 20. Jahrhunderts eine unmittelbare Begegnung erfahren, ein Herzensgespräch mit dem Christus-Wesen.[44] Der Schlüssel ist die Bereitschaft, in Situationen der Ohnmacht auf der Schwelle zu stehen – und zu fragen.

44 Rudolf Steiner, Das esoterische Christentum und die geistige Führung der Menschheit, GA 130, Vortrag vom 21.9.1911, Dornach 1995, S. 49.

3. Das Sorat-Ereignis

Unzeitgemäßes Gutes

Einer von Steiners Hinweisen auf die Frage des Bösen findet sich in einem Vortrag über den Manichäismus aus dem Jahre 1904.[45] Steiner beschreibt dort das Böse als «unzeitgemäßes Gutes». Das bedeutet, dass es kein absolut böses Wesen gibt, sondern dass das «Gute» und das «Böse» sich erst aus dem Zusammenhang ergeben. Setzen wir diesen Gedankengang fort, so stellt sich die entgegengesetzte Frage: Wenn das Böse sozusagen «unzeitgemäßes Gutes» ist, was ist dann das Gute an sich? Steiner formuliert es negativ: «Das Böse ist ein unzeitgemäßes Gutes», womit er das Gute an sich nicht kennzeichnet. Dieser Satz lässt sich nicht umgekehrt formulieren.

Im neunten Kapitel der «Philosophie der Freiheit» beschreibt Steiner nach einer umfassenden Denkreise das Gute im Zusammenhang mit der menschlichen Handlung. Die uns zum Guten führende Tätigkeit bezeichnet er als «moralische Intuition». Wann gilt die Handlung als gut? Dort gibt er folgende Antwort:

> Sie wird ‹gut›, wenn meine in Liebe getauchte Intuition in der rechten Art in dem intuitiv zu erlebenden Weltzusammenhang drinnensteht; ‹böse›, wenn das nicht der Fall ist.[46]

Die «in Liebe getauchte Intuition» ermöglicht dem Menschen als Mittewesen, aus seinem eigenen Umkreiswesen heraus zu handeln, welches das Sein als «Menschen-Welten-Wesen» in Ganzheit umfasst. Mit anderen Worten: Der Mensch als Wesen der Mitte ist fähig, «gut» zu handeln, weil er gleichzei-

45 Rudolf Steiner, Die Tempellegende und die Goldene Legende als symbolischer Ausdruck vergangener und zukünftiger Entwicklungsgeheimnisse des Menschen, GA 93, Vortrag vom 11.11.1904, Dornach 1991, S. 71.

46 Steiner, Die Philosophie der Freiheit (siehe Anm. 12), S. 162.

tig das Ganze als Umkreis in sich trägt. **Seine Handlung wird «gut», wenn er aus jenem Mitte-Umkreis-Wesen heraus handelt, das die Quintessenz seines Wesens ausmacht.** Es liegen keine festgelegten Regeln vor, die eine Handlung gut oder böse machen könnten und nach welchen die Handlung moralisch zu bewerten wäre. Die Handlung wird gut, wenn sie aus einer Intuition heraus erfolgt, die auf der Fähigkeit beruht, in jeder Situation die Handlung vom Umkreis, d.h. vom «Anderen» bzw. vom Objekt der Handlung, abzuleiten.

In paradoxer, dem gewöhnlichen Denken entgegengesetzter Weise handelt ein Lehrer in Bezug auf den Schüler bzw. auf das Kind dann richtig, wenn er aus dem Kind heraus handelt. Dann handelt er eigentlich zugleich aus seiner eigenen Mitte und dem Wesen des Kindes heraus. Das ist die Sphäre der Liebe, aus welcher das «Gute» geboren wird. Und wann gilt die Handlung als «böse»? «Wenn das nicht der Fall ist», sagt Steiner, d.h. wenn man aus der Liebe «fällt» und egoistisch bzw. aus einem partiellen Aspekt heraus handelt.

Steiner verknüpft den Begriff des Guten mit dem der Freiheit, denn die freiheitliche Handlung gilt zeitgleich als gute. Was macht eine Handlung «freiheitlich»? Dass ich sie aus dem **Mittelpunkt meines Wesens** geboren habe. Und warum ist sie dann auch «gut»? Weil **mein wahrer Wesensmittelpunkt gleichzeitig auch der Umkreis der Welt ist.** So auch umgekehrt: Eine Handlung ist «böse», wenn und weil sie aus einem Teilweisen, einem Unvollständigen in mir hervorgeht. Zu gleicher Zeit ist sie auch «nicht freiheitlich», weil nicht ich der Handelnde bin, sondern das Partielle in mir; d.h. andere Aspekte in mir handeln neben meinem Ich.

Nun können wir einen weiteren Schritt gehen und die Frage stellen: Worin besteht also die Funktion, die Aufgabe des Bösen? Welcher ist sein angemessener Ort? Welche Bedeutung hat es innerhalb unseres Wesens?

Zu den beiden Begriffen des «Guten» und der «Freiheit» kommt in der «Philosophie der Freiheit» ein weiterer hinzu, der Begriff der «Entwicklung». Der Mensch ist ein Wesen, das zur Freiheit hin wächst und somit ein sich entwickelndes Wesen ist. Bei jeder freiheitlichen Handlung wird ein anderer Aspekt seines Wesens geboren. Die Freiheit ist, wie gesagt, kein vorgegebener Zustand. Sie verwirklicht sich aus der konkreten Tätigkeit eines Menschen im Laufe seines Lebens. Der Mensch ist also ein sich entwickelndes Wesen, aber wohin führt diese Entwicklung? Zu einem freiheitlichen Wesen, d.h. zu einem, **das in einer spezifischen Situation das Gute hervorbringen kann.** Setzen wir diesen Gedankengang fort, so bedarf die Geburt der Freiheit der der Freiheit gegenüberstehenden Möglichkeit, nämlich der Un-Freiheit. Hängt die Freiheit mit dem «Guten» zusammen, dann ist Unfreiheit die reale Möglichkeit des Bösen.

Es ist interessant, dass das Hebräische diesen Zusammenhang erhellen kann: Die alte Bedeutung des Wortes «Satan» («Teufel») bedeutet Hindernis, was überwunden werden muss, um voranzukommen. Das Böse erscheint als Widerstand, was in eine höhere Entwicklungsstufe transformiert werden kann. Im «Faust» beschreibt sich Mephisto selbst als «ein Teil von jener Kraft, die stets das Böse will und stets das Gute schafft».[47] Mephistos Begehren gilt dem Bösen. Dennoch weiß er (auf der Unendlichkeitsebene seines Wesens), dass er durch Widerstand gleichzeitig das Gute stärkt.[48]

Wenn aber das Böse im Dienste des Guten steht, könnte man irrtümlicherweise meinen, dass das Böse gut ist. Hier können wir uns auf eine Formulierung von Goelzer stützen:

47 Johann Wolfgang von Goethe, Faust I, Werke – Hamburger Ausgabe, Bd. 3, Dramatische Dichtungen I, 11. Aufl., München 1982, Studierzimmer, 1334–1336, S. 47.

48 Dennoch kennt Mephisto-Ahriman das Geheimnis der Verwandlung nicht: Faust entgleitet ihm nach dem Tod trotz der Abmachung, dank Gretchens Liebe. So heißt es schließlich: «stets das Böse will und stets das Gute schafft». Das heißt, dank der transformativen Hingabe der Liebe «um des anderen willen» wird das Böse zum Guten.

Das Gute ist gut, indem wir es fördern,
das Böse ist dazu gut, daß es überwunden werde.[49]

Das Böse wird durch dessen Überwindung gut, sagt Goelzer. Das heißt, durch die Tätigkeit des Menschen im Verhältnis zum Bösen. Wir sollen uns genau ausdrücken, wenn es um die Verhältnisse zwischen Gut und Böse geht. Beides ist «gut», aber in einem jeweils anderen Sinn: Das Böse fördert durch Widerstand das Gute, das Gute hingegen ist der Fortschritt selbst.

Scheinmenschliche und Unmenschliche

Nun setzen wir unsere Betrachtung in konkretere Richtungen fort. Das Böse als Einseitigkeit zeigt sich in zwei entgegengesetzten Wesensrichtungen – die luziferische und die ahrimanische. Diese Richtungen sind eigentlich als zwei gegenteilige Formen der Herausnahme aus dem Ganzen zu denken. Luzifer hängt als Lichtwesen mit der strahlenden Bewusstsein-Bewegung, die sich in sich selbst verschließt, zusammen. Die Grundgeste seines Wesens hängt zusammen mit einer leuchtenden Expansion zum Umkreis, die sich gleichsam zurückzieht und verschließt. Luzifer wächst mit Expansionsgesten über seine eigentliche Größe hinaus. Demgegenüber hängt Ahriman als Willenswesen mit der verdichtenden Tätigkeit zusammen, die im Mittelpunkt gehalten wird und sich verhärtet. Die Grundgeste seines Wesens ist ein verdunkelndes Zusammenschrumpfen auf den Mittelpunkt, das gleichsam gebrochen und aus sich heraus veräußert wird. Luzifer schafft dagegen eine Innerlichkeit, die die Welt in sich aufnehmen möchte. Ahriman schafft eine Äußerlichkeit, die sich im Willen zur Macht und Kontrolle zum Ausdruck bringt. Die Ganzheit des Menschen-Welten-Wesens wird sowohl am Umkreis wie auch am Mittelpunkt verhindert. Luzifer und Ahriman

49 Goelzer, Alpha und Omega (siehe Anm. 37), S. 14.

sind zwei Formen der Einseitigkeit, die diese Abbremsung kennzeichnet. Beides wendet sich gegen Veränderung und Umwandlung: Ahriman verursacht einen Stillstand im Mittelpunkt; Luzifer einen Stopp am Umkreis. Ahriman hängt insofern mit Materie, Stauung, Kälte, Schrumpfen, Luzifer hingegen mit Stolz, Schönheit und der «Expansion» des Egos zusammen. **Luzifer versucht, den Menschen von der Erde zu trennen und ihn in eine schwerelose Geistigkeit zu führen. Ahriman versucht, den Menschen an das Materielle, an das geistlose Irdische zu ketten.**

Zwischen diesen beiden Polen der Endlichkeit zeigt sich in Steiners bekannter Holzskulptur «Der Menschheitsrepräsentant» eine dritte Wesensqualität, die als Anti-Mitte existiert. Auf der Höhe des Herzens des Menschheitsrepräsentanten, zu seiner Linken, fängt Luzifers Schwanz Ahrimans Hand ein. Luzifer streckt als Bewusstseinswesen seinen Schwanz in die Sphäre des Willens als Leidenschaft hinunter. Ahriman streckt als Willenswesen seine Hand als einfrierendes, vervielfältigendes technisches Denken hinauf. Der leidenschaftliche Schwanz hält die harte Hand der materiellen, technischen Welt. Hinter den beiden Polen der Endlichkeit, Luzifer und Ahriman, erscheint ein drittes Wesen, ein Anti-Mitte-Wesen, dessen Hände Luzifer und Ahriman verkörpern. Das ist das eigentliche luziferisch-ahrimanische Wesen, das Sein des absolut Bösen, das Asuras heißt. Luzifer hängt mit dem Astralkörper des Menschen zusammen, Ahriman – über die Vermittlung des Ätherleibes – mit dem Prinzip des physischen Körpers. **So greift das asurische Böse direkt das Ich des Menschen an und versucht, dem Ich-Sein Teile abzureißen**, genauer gesagt, abzutrennen dasjenige, was das Ich auf seiner Entwicklungsreise in sich selbst an Fähigkeiten entwickeln konnte.

Einen weiteren Aspekt dieser Betrachtung geben uns die Worte Goelzers in seinem Buch *«Alpha und Omega»*. Goelzer beschreibt zwei Hauptformen der aktuellen Erscheinung des Bösen: Die erste lässt sich als das «**Scheinmenschliche**», die zweite als das «**Unmenschliche**» beschreiben.[50] Das Scheinmenschliche wird zu einer tragenden Säule der abendländischen Kultur in den letzten Jahrhunderten, wie es z.B. von Mephistopheles im «Faust» repräsentiert wird. Mephistopheles vereinbart mit Faust, ihm zeit seines diesseitigen Lebens alles zu geben, was er sich wünscht – Macht, Geld, Liebe, Ehre, Jugend etc. Im Gegenzug soll ihm Faust nur eines geben – sein Ich nach dem Tod. Diese Vereinbarung sieht scheinbar nach einem fairen Handel aus. Denn Mephistopheles gibt ihm ja alles, während Faust sich nur zu einer Sache verpflichtet. Doch gerade das ist das Prinzip des scheinbar Menschlichen: **Alle körperlichen und seelischen Bedürfnisse des Menschen werden zufriedengestellt, aber eines bleibt ihm vorenthalten – die Entwicklung.** Mit anderen Worten: die Möglichkeit zur Umwandlung. Heutzutage zeigt sich diese Tendenz in allen Lebensbereichen – in der Wirtschaft, der Politik, der Kultur, den Wissenschaften, der Werbung und dem Marketing; vor allem aber auch in zunächst scheinbar ganz «menschlichen» Bereichen wie der Erziehung, in der Medizin, den Menschenrechten, dem Umweltschutz etc. Solange der ursprüngliche Beweggrund die Fortsetzung von Existenz und Komfort ist, handelt es sich um scheinbare Menschlichkeit. Diese Tendenz entleert allmählich die Menschlichkeit unter Verwendung all ihrer Ausdrucksweisen.

Das zweite Prinzip ist das Unmenschliche. **Hier ist das Böse schon sichtbar aktiv.** Die moderne Geschichte enthält Beispiele zuhauf: Gaskammern, Krematorien, Massengräber am Rande der Zivilisation, Arbeitslager, Enthauptungen in den Medien, Flugzeuge im WTC sind nur einige der offensichtlichen Erscheinungen. Hier manifestiert sich das direkt Böse in seiner offenkundigen Tätigkeit, die für die Menschheit jedoch weniger gefährlich ist als das Scheinmenschliche. Wenn das Böse offenkundig ist, ist es leichter, es zu bemerken und zu

50 Ebd., S. 12.

bewältigen, da diese Bewältigung in erster Linie aus der Identifizierung des Bösen in uns selbst erfolgt.

Bei der Betrachtung dieser Unterscheidung im Verhältnis zwischen Luzifer und Ahriman geht das folgende Bild hervor: **Beim Scheinmenschlichen reißt die luziferische und ahrimanische Tätigkeit den Menschen allmählich in zwei entgegengesetzte Richtungen**, indem nach oben und nach unten an ihm gezogen wird. Luzifer zieht den Menschen nach oben, schenkt ihm Schönheit, Interesse (auch geistiges Interesse), handelt im Innern des Menschen zur Stillung seiner sinnlichen und seelischen Leidenschaften und Sehnsüchte. Ahriman schafft hingegen die Mittel, die Technologie, die Medien, die irdischen Werkzeuge zur Zufriedenstellung dieser seelischen Leidenschaften, wodurch er im Verborgenen den Menschen immer fester an das Irdische kettet.

Im Unmenschlichen zeigt sich die asurische Verbindung des direkten Angriffs gegen den Mittelpunkt, der in sich zusammenbricht infolge des Zerreißens nach oben und nach unten. Dann kann das Luziferisch-Ahrimanische in seiner unmittelbaren Form in Erscheinung treten. Folglich stellt das Scheinmenschliche eine erforderliche Grundlage für den Ausbruch des Unmenschlichen, sozusagen seinen Inkubator dar. So z. B. die Wirtschaftskrise in Deutschland 1929, bei der die soziale Sicherheit und der bürgerliche Komfort erschüttert wurden und das Unmenschliche in Gestalt der NSDAP aufsteigen lässt. Unter der Schwelle des Scheinmenschlichen lauert das Unmenschliche.

Die zentrale Frage, die Steiner an die heutige Menschheit stellt, ist **die Frage nach dem Wesen der wahren Mitte**, die sowohl Luzifer als auch Ahriman in sich aufnimmt und sie immer wieder in erlösender Transformation durch den Mittelpunkt und den Umkreis führt. Diese Fragestellung hängt mit dem Wiederkunftsereignis des Jahres 1933 zusammen. Jenes Wesen der wahren Mitte ist das Christus-Wesen, welches zugleich auch das tiefste Wesen jedes Menschen bildet. Das

Sein des Schattens deutet in besonderer Weise auf das neue Licht, das geboren werden möchte.

Die Prüfung des Bösen

Wie wir bemerkt haben, spricht Steiner wiederholt von einem dritten zentralen Ereignis unserer Zeit, das mit dem Erstarken von Widerstandstrieben gegen Ende des 20. Jahrhunderts zusammenhängt. Der Aufstieg dieses Widerstands wird von einem Wesen geführt, das eigentlich das Gegenteil vom Wesen der wahren Mitte ist, dem großen Sonnenwesen Christus. Steiner beschreibt dieses gegenteilige Wesen als den «Sonnendämon», d.h. als eine Art Schattenwesen des eigentlichen Sonnenwesens, und datiert seine Erscheinung auf das Jahr 1998. In seinen Apokalypse-Vorträgen aus dem Jahr 1908 führt Steiner aus:

> Deshalb bezeichnet der Apokalyptiker diejenige Gewalt, dasjenige Wesen, welches die Menschen dahin führt, sich so zu vergeistigen, daß sie sich mit der Sonne vereinigen können, als den Christus in ganz richtigem Sinn, und, wie wir hören werden, als das Lamm. Man bezeichnet die Christus-Wesenheit als den Genius der Sonne, der sich mit der Erde vereinigt und auch der Genius der Erde wird. Er hat schon begonnen, es zu werden seit dem Ereignis von Golgatha. Aber es gibt auch ein gegnerisches Prinzip dieses Lammes: Es ist auch ein Sonnendämon da, das sogenannte Dämonium der Sonne, dasjenige, was in den bösen Kräften der Menschen wirkt, zurückstoßend die Kraft des Lammes. Und es wirkt so, daß ein gewisser Teil des menschlichen Geschlechtes ausgestoßen wird von der Entwickelung, die zur Sonne führt.[51]

Nach Steiner wird sich die Erde in Zukunft mit der Sonne vereinigen, aber an dieser Vereinigung werden sich nur diejenigen beteiligen können, denen es gelungen sein wird, das

---

51 Rudolf Steiner, Die Apokalypse des Johannes, GA 104, Dornach 1985, S. 227.

Christus-Wesen in sich selbst als das Wesen des «Ich bin» zu tragen. Der Sonnendämon wirkt «in den bösen Kräften der Menschen». Das ist eine wichtige Aussage: Der Sonnendämon kann nur durch das Böse, das sich bereits im Menschen selbst befindet, auf diesen wirken. **Das Tor des Sonnendämons zum Menschen ist das Handeln des Menschen selbst.** In der Apokalypse taucht ein Bild auf, das jenes Wesen, jenen Sonnendämon darstellt: Während das Sonnenwesen, Christus, als «Lamm» erscheint, ist der Sonnendämon von einem «Tier» mit «zwei Hörnern» verkörpert, d.h. in einem verzerrten Schattenbild des «Lammes». Darüber hinaus kommt noch ein Zahlenelement hinzu, das sich für das Verständnis unserer Zeit als aufschlussreich erweist: «Wer Verstand hat, der überlege die Zahl des Tieres; denn es ist die Zahl eines Menschen, und seine Zahl ist sechshundertundsechsundsechzig», steht dort in Bezug auf den Sonnendämon geschrieben.[52] Was steckt hinter dieser Zahl? Es handelt sich um eine Form der Verschlüsselung, die sich nur den Eingeweihten offenbarte. Die Zahl wurde so geschrieben: 400 200 6 60, und in hebräischer Gematrie, der Lehre vom Zahlenwert jedes Buchstaben, ergibt es ת-ר-ו-ס (Sorat) – der Name des Sonnendämons.[53]

Doch dieser Satz birgt noch ein weiteres Geheimnis in sich, das mit der Bedeutung und der klanglichen Qualität zusammenhängt: «... denn es ist die Zahl eines Menschen», steht es über Sorat, und Steiner bezieht sich auf die vier hebräischen Buchstaben: Der S-Laut («Samech») ist der Klang des physischen Körpers. Der O-Laut («Waw») steht für den Lebensleib; der R-Laut («Resch») für den Astralleib und der T-Laut («Taw») für das irdische Ich. Aus diesen klanglichen Elementen ergibt sich das ganze Wesen des Menschen, aber in seiner gefallenen Gestalt. Denn was ist das Tier? **Es ist der in seiner Körperlichkeit, in seinen leiblichen Wesensorganen verschlos-**

52 Offenbarung 13:18.

53 Steiner, Die Apokalypse des Johannes (siehe Anm. 51), S. 227–229.

sene Mensch, der nicht in der Lage ist, sich hin zur Geburt seines höheren Wesens zu entwickeln. Folglich ist die Zahl des Tieres gleichzeitig auch die Zahl des Menschen.

In diesem Sinne beschreibt Steiner den Sonnendämon als «das Prinzip, das den Menschen zur völligen Verhärtung führt im äußeren physischen Leben, so daß er geradezu von sich stößt, was ihn befähigt, die niederen Prinzipien abzustreifen und hinaufzusteigen zu den höheren».[54] Die Umwandlung der Wesenglieder wird dem Menschen durch das Umwandlungswesen in sich selbst und in der Welt ermöglicht – durch Christus. Wenn der Mensch sie von sich abweist, schließt er sich allmählich in sich selbst ab und baut sich selbst im Ebenbilde des Tieres auf anstatt in demjenigen des Menschen. Das Ebenbild des «Tieres» hatte der Mensch als physischen, ätherischen, astralen Leib sowie als ein irdisches Ich erhalten, bevor er zum geistigen Sonnen-Ich emporstieg. Diese vier Prinzipien kommen, wenn sie sich zur Beziehung mit dem Sonnenelement des «Ich bin» nicht erheben können, in den vier hebräischen Buchstaben, d.h. im Namen Sorat zum Ausdruck.

Es gibt allerdings ein unscheinbares Element, was für das Verständnis der Wirkung des Sonnendämons in unserer Zeit von größter Bedeutung ist. Sorat kann seine Macht nur so weit bringen, wie die Menschen einen inneren Weg beschreiten. Das heißt, dass seine Macht darauf angewiesen ist, dass die Menschheit beginnt, sich dem Geist zu öffnen. Sorats besondere Macht beruht auf der Ablenkung der geistigen Tätigkeit vom richtigen Weg auf einen anderen, der nicht für sie bestimmt ist:

> Der Mißbrauch der spirituellen Kräfte hängt zusammen mit jener verführerischen Kraft des Tieres mit den zwei Hörnern. Und wir nennen diesen Mißbrauch der spirituellen Kraft die schwarze

---

54 Ebd., S. 228.

> Magie im Gegensatz zum richtigen Gebrauch, den wir die weiße Magie nennen.[55]

Daraus folgt, dass ausgerechnet der Schwellenübergang in unserer Zeit dazu führt, dass die Kraft des Sonnendämons zum Griff auf die Menschenseele stärker wird. **Es wird versucht, die Früchte des Schwellenübergangs zum falschen Ort zu führen.** Die Menschheit bekommt vom inneren Prozess ihrer eigenen Entwicklung neue Entwicklungsmöglichkeiten. Doch gleich darauf erscheint das Widerstandswesen, das diese Entwicklungsfortschritte herausfordert und in die genau umgekehrte Richtung lenkt. Solcher Widerstand ist für die Entstehung von Freiheit unerlässlich. Den Menschen unserer Zeit soll diese Entwicklung aus absoluter Freiheit zuteilwerden.

Die «weiße Magie» ist die geistige Tätigkeit, die mit Heilung und Transformation in der Sphäre des Schicksals zu tun hat. Es ist die Arbeit des Menschen an sich selbst für den Anderen. «Schwarze Magie» ist hingegen jene Verwendung von geistigen Fähigkeiten durch den Sonnendämon in einer negativen Richtung und somit das genaue Gegenteil der «weißen»: Die «schwarze Magie» ist die geistige Tätigkeit, die ihre Kraft vom Anderen aufnimmt, um die eigenen Kräfte zu stärken. Der Mensch soll reifen und sich durch die Schenkung seiner Kräfte an ein anderes Wesen entwickeln; aber alternativ kann er sein eigenes Wesen stärken, indem er sie von anderen Kräften bezieht.

Das neue Michael-Ereignis, das gegen Ende des 19. Jahrhunderts beginnt, ist vor dem Hintergrund des vorherigen Michael-Zeitalters zu verstehen, dessen Höhepunkt in der griechischen Klassik lag. Das aktuelle Wiederkunftsereignis ist im Lichte des Golgatha-Ereignisses zu verstehen. Und auch die Erscheinung von Sorat folgt einem gewissen Rhythmus: Das Tier steigt gemäß Steiner alle 666 Jahre aus den Abgründen

---

55 Ebd., S. 231.

der Geschichte, aus den Tiefen des Unbewussten der Menschheit auf.

In einem Vortrag aus dem Jahr 1918[56] beschreibt Steiner, wie rund um das Jahr 666 n.u.Z. ein Antisonnenimpuls mit dem Ziel auftaucht, die Bewusstseinsseele in der Menschheit der vierten Kulturepoche zu fördern, d.h. in dem Zeitalter der Seele von Verstand und Gemüt. Dieser Impuls geht aus dem luziferischen-ahrimanischen Einfluss des Sonnendämons Sorat hervor.[57] Hätte der Mensch in dieser frühen Zeit tatsächlich schon Grundlagen der Bewusstseinsseele entwickelt, wäre es eine von Sorat inspirierte Entwicklung statt eine Entwicklung aus der eigenen Tätigkeit des Menschen gewesen. Dann wäre das Bewusstsein des Menschen völlig dem materiellen Aspekt des Seins verfallen. Der Mensch hätte sich selbst die Möglichkeit verwehrt, sein Wesen später noch weiterzuentwickeln, hin zum Geistselbst, dem Lebensgeist und dem Geistesmenschen. Sorats Inspiration sollte in die Menschheit durch eine Akademie eingeführt werden, die im 6. Jahrhundert in Gondischapur (im heutigen Irak) gegründet wurde. Griechische Gelehrte, die von Kaiser Justinian aus den Athener Schulen vertrieben worden waren, schufen zusammen mit dem antiken Wissen des Zoroastrismus neues, fortschrittliches Wissen, das gegen das Jahr 666 seinen Höhepunkt erreichte. Dieser Impuls sollte sich von dort nach Europa ausbreiten und die gesunde Fortentwicklung der Menschheit lahmlegen. Die Moslems eroberten das Perserreich, wodurch der Gondischapur-Impuls an Wirkung verliert.

Das nächste Ereignis im 666-Rhythmus, d.h. um das Jahr 1332 n.u.Z., bezieht Steiner auf die Verfolgung des Templerordens sowie auf die Folterungen und Hinrichtungen der Tem-

56 Rudolf Steiner, Der Tod als Lebenswandlung, GA 182, S. 173–174; Vortrag vom 16.10.1918, Dornach 1996.

57 Zum Zusammenhang des Jahres 666 mit Sorat siehe Rudolf Steiner, Die Polarität von Dauer und Entwickelung im Menschenleben, GA 184, S. 303; Vortrag vom 13.10.1918, Dornach 2002.

pelritter. Der Templerorden war ein Christus-Impuls, der versucht hatte, den Christus als Sonnenwesen neu zu begreifen. Dem Templerorden stellte sich Philipp IV. entgegen, der die katholische Kirche in seinen Plan mit einbezog. Binnen weniger Jahre wurde der Templerorden zerstört. Seine Ritter wurden 1307 gefangen genommen und von August bis Oktober 1308 nach schwerer Folter hingerichtet. Nach Steiner wurde die Folter von Sorat inspiriert und von Philipp IV. ausgeführt, um die Tempelritter durch das Leiden zur Selbstbezichtigung und somit den ganzen Orden in Verruf zu bringen. Steiner schreibt: «... in den Herzen derjenigen, die die Widersacher des kosmischen, des in den Kosmos hinausschauenden Christus waren, lebte Sorat wieder auf, und nicht zum geringsten Teile so, daß er sich der damaligen Gesinnung der römischen Kirche bediente, um gerade die Templer zu töten.»[58]

Dass die Auflösung des Templerordens rund 25 Jahre vor dem Jahr 1332 stattfand, muss beachtet werden. Wie bei dem ersten 666-Ereignis in Bezug auf die Akademie von Gondischapur warf der Sorat-Impuls schon lange seinen Schatten auf jenes Ereignis voraus. Das heißt, dieser Rhythmus ist als ein Verdichtungspunkt zu verstehen, um den herum die Tätigkeit des Sorat sich intensiviert.

Im Jahre 1998 sollte sich der Kreis zum dritten Mal schließen. Tatsächlich lassen sich bereits im Ersten Weltkrieg die Anzeichen des Sorat-Impulses in der Menschheit feststellen.[59] Dieser Impuls verstärkt sich im Laufe des 20. Jahrhunderts und wird durch den «Schwellenübertritt», den wir heute vollziehen, beschleunigt.

Im ersten 666-Zyklus, sagt Steiner, war das Böse noch nicht

---

58 Steiner, GA 346, S. 120; Vortrag vom 12.9.1924 (siehe Anm. 25).

59 Siehe in diesem Zusammenhang Steiners Worte zum Ersten Weltkrieg: «Nicht der Weltkrieg, aber das, was folgte und das furchtbarer ist und immer noch furchtbarer werden wird, z.B. die gegenwärtige Verfassung Rußlands, das ist dasjenige, was durch die in die Menschenseelen eindringenden Soratgeister angestrebt wird» (ebd., S. 124).

sichtbar. Im zweiten Zyklus lebte Sorat in den Gefühlen und Gedanken der gefolterten Tempelritter. Das ist eine Art Steigerung. Nun, im dritten Zyklus, wird das Böse offenbar in Gestalt von Menschen, deren Handeln dieses Wesen real verkörpern: «Und noch vor Ablauf dieses Jahrhunderts [des 20. Jahrhunderts, Anm. d. Verf.] wird er sich zeigen, indem er in zahlreichen Menschen auftreten wird als diejenige Wesenheit, von der sie besessen sind.»[60]

Es gibt drei Geschehnisse antimenschlicher «schwarzer» Magie im breiten, gesamtkulturellen Ausmaß, die hierfür als repräsentative Bilder dienen können: Das erste kommt aus dem Westen, das zweite aus dem Osten und das dritte hängt mit der Mitte zusammen. Das westliche Geschehnis hängt mit der Entwicklung der Atomkraft und deren Einsatz zusammen und kann als Magie des Willens angesehen werden. Die Spaltung des Atomkerns löst in der Sphäre des «angeketteten Willens» die in der Materie gefangenen Kräfte – jedoch nicht aus Umwandlungstätigkeit heraus. Der Einsatz in Hiroshima und Nagasaki und die anschließende Rationalisierung sind eine Erscheinung des kalten ahrimanischen Elements. Es ist das ahrimanisch-asurische Element bzw. das Sorat-Element mit ahrimanischem, scheinbar rationalem, berührungslosem Charakter. Das zweite, östliche Geschehen findet am Ende des 20., Anfang des 21. Jahrhunderts statt. Es ist ein polarisiertes Geschehen mit astralischem Charakter, das aus dem radikalen Islam hervorgeht. Einerseits also das Atom im Westen, anderseits das «Messer» im Osten. Das Messer birgt eine persönliche Qualität in sich. Es ist «Handarbeit» im konkreten, erschütternden Sinne des Wortes. Wir können im Messer das asurische Sorat-Element mit seiner luziferischen Tendenz erkennen. Zwischen beidem, im Mittelpunkt, finden wir die Gaskammern und die Krematorien. Im Mittelpunkt zeigt sich

60 Ebd., S. 122.

also die Anti-Mitte-Verbindung des Luziferisch-Ahrimanischen.

Im Westen sehen wir eine rationalisierende, physisch-körperliche Rechtfertigung; im Osten eine spirituell-religiöse. Und im Mittelpunkt sehen wir die Verbindung der beiden: eine mythologisch-rationalisierende Rechtfertigung zur Verwendung von Technik bei der Erfüllung barbarischer Impulse. Das historische Geschehnis der Vernichtungslager ist eine vollumfassende Aktion schwarzer Magie. Am Anfang richtete sich die Vernichtung nicht gegen das Physische, sondern kam als Versuch der Vernichtung von Ichheit zustande. Der Angriff auf das Ich in dem Versuch, den Mittelpunkt des menschlichen Wesens zu zerstören, so beschreibt es Primo Levi in seinem erschütternden Buch «*Ist das ein Mensch?*». Es geht hier nicht nur um körperliche Vernichtung – das war der letzte Schritt auf diesem Weg –, sondern um eine gründliche Prozedur zur Negation des Ich: Angefangen mit dem Ausziehen der Kleidungsstücke über die Beschlagnahme persönlicher Gegenstände und das Rasieren bis hin zur Tätowierung des Arms. Jedes Anzeichen von Besonderheit, von Individualität wurde durch eine lange Folge von Erniedrigung und Folter gelöscht, die in den Gaskammern endete. Nach Steiner hängen das Gas und die dabei verwendeten Giftstoffe mit der Verbindung des Ich zum physischen Körper zusammen: Es stellte einen direkten Angriff auf die Verbindung von Ich und physischem Körper dar, auf die Erfüllungsmöglichkeit des Ich in einem inkarnierten Leib. Damit wurde die schwarze Magie erstmals – zumindest in der extern bekannten Geschichte – zu einem Ereignis von gesamtmenschlichem historischem Ausmaß. Früher fanden solche Vernichtungspraktiken in esoterischen Zusammenhängen statt.[61]

In diesem Zusammenhang ist es wichtig zu bedenken, dass der gezielteste Angriff auf das Ich darin besteht, dass er auf

61 Steiner, Die Apokalypse des Johannes (siehe Anm. 51), S. 238–239.

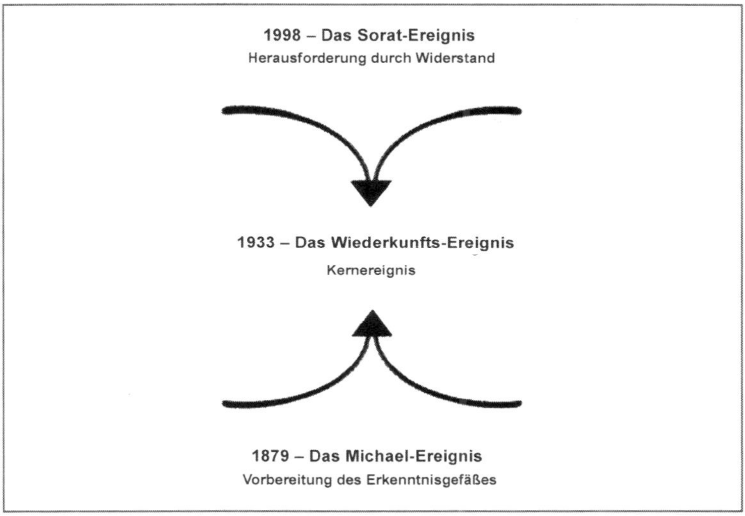

Abbildung 3

dasjenige Ich zielt, das das Böse begeht. Denn nur im Zustand extremer Entleerung der Ichheit kann man solche unmenschlichen Taten praktizieren. Die große, zukunftsorientierte manichäische Aufgabe wird darin bestehen, das in der Menschheit als notwendigen Widerstandstrieb entstandene Böse umzuwandeln, und zwar aus Selbstumwandlung bei der Arbeit an sich selbst für den Anderen. Im Zentrum der manichäischen Umwandlungsarbeit werden diejenigen stehen, die tief in das absichtlich Böse gefallen sind. «Der Manichäerorden», sagt Steiner, «belehrt nun jetzt schon seine Mitglieder in solcher Weise, daß sie das Böse nicht nur bekämpfen, sondern fähig werden, es zum Guten umzuwandeln in späteren Inkarnationen [...] und die Kraft der Umwandlung wird den Zustand der Heiligkeit bewirken.»[62]

62 Rudolf Steiner, Vor dem Tore der Theosophie, GA 95, S. 95, Vortrag vom 29.8.1906, Dornach 1990.

4. Die Michael-Schule

Das Karma in Ordnung bringen

Es ist der Schwellenübergang unserer Zeit als ein Ereignis beschrieben worden, das mit einer Art dreifachem Organismus zusammenhängt, der aus drei Hauptereignissen besteht: Das erste ist das «Michael-Ereignis», das den Beginn des neuen Michael-Zeitalters im Jahr 1879 ankündigt und etwa 350 Jahre lang nachwirkt. Das zweite ist das «Wiederkunftsereignis» – die Erscheinung Christi in der Lebenssphäre, das im Jahre 1933 beginnt und auf welches der Michael-Impuls das Bewusstsein vorbereitet. Dieses Ereignis wird sich auf die weiteren Jahrhunderte und Jahrtausende auswirken. Das dritte Ereignis ist das «Sorat-Ereignis», dessen Zentrum rund um das Jahr 1998 liegt.

Erinnern wir uns an den Drachen, so kehrt der Blick auf den Erzengel Michael zurück, der das Lichtschwert trägt. Steiner beschreibt Michael als ein Sonnenwesen und als Träger der kosmischen Intelligenz. So wurde z. B. die Mysterienweisheit der Vergangenheit direkt von Michael inspiriert. Auch die griechischen Philosophen wie Plato und Aristoteles empfanden das Denken noch nicht als Ergebnis innerer Prozesse, sondern als einen kosmisch-geistigen Strom, der durch sie hindurchfließt und «spricht». In den Jahrhunderten rund um die Verkörperung Christi empfand Michael, wie jene kosmische Intelligenz ihn verlässt und sich allmählich auf die Erde niederlässt. Dieser Prozess erstreckt sich über Jahrhunderte und erreicht einen Höhepunkt im Laufe des 9. Jahrhunderts, in dem die Intelligenz die Erde erreicht.

Der Weg der kosmischen Intelligenz zur Erde ist eine notwendige Reise. Die Menschen müssen mit eigenen Kräften, d. h. aus der Tätigkeit ihres eigenen Ich, denken lernen. Darin lauert jedoch auch eine Gefahr: Das Denken wird persönlich und folglich materialistisch. Luzifer flüstert dem Menschen zu:

«Deine Gedanken sind nur deine» und «Jeder hat seine eigene Wahrheit». Diese Gedanken beginnen im 9. Jahrhundert wirksam zu werden. Ahriman sagt dem Menschen: «Gedanken sind nur Nebenprodukte des physischen Körpers.» Diese «Einflüsterung» entfaltet sich zwar erst im 19. Jahrhundert, aber deren «Samen» gehen wesentlich weiter zurück. Nach und nach verliert das menschliche Denken seinen kosmisch-geistigen Bezug. Es wird subjektiv, dann materialistisch.

Die große Aufgabe von Michael und seinen «Verbündeten» gegen Ende des 19. Jahrhunderts, mit Beginn des neuen Michael-Zeitalters, besteht darin, die auf die Erde herabgestiegene Intelligenz wieder zu ergreifen und in eine erneute Beziehung mit dem Geist hinaufzuführen. Das Denken muss spiritualisiert werden und aus dem abgekapselten, individuellen Element seinen geistig-universellen Charakter erneut zurückgewinnen.

Mit dem Abstieg der Intelligenz auf die Erde hängt ein anderes Geschehen zusammen. Steiner beschreibt dieses Geschehen als eines der schwierigsten Rätsel beim Verständnis unserer Zeit. Die kosmische Intelligenz steigt auf die Erde herab, aber was bedeuten sie wirklich? Was der Mensch als geistige Intelligenz empfindet, ist eine Tätigkeit von Wesen. Es sind Wesen aus der Sphäre der Engel, die in Wirklichkeit das Sein des Geistselbst für den Menschen in sich tragen. Das ist der innere Aspekt dieses Geschehens.

Einige der Engel, die zwar unter Michael standen, aber auch mit den anderen Erzengeln verbunden waren, trennten sich von ihrem ganzheitlichen kosmischen Zusammenhang und «fallen» in die irdische Sphäre. Bewusstseinsmäßig steigt das Denken auf die Erde hinab und wird menschlich. Karmamäßig stehen jene gefallenen Engel mit besonderen menschlichen Schicksalen in Verbindung, und zwar als Begleitwesen bzw. «Schutzengel». Dies bedeutet, dass einige der mit den Schicksalen einzelner Menschen verbundenen Schutzengel bei ihrer Trennung von ihrem kosmischen Zusammenhang und ihrem

Abstieg auf die Erde die mit ihnen verbundenen Schicksale beeinflussen. Mit anderen Worten: Nicht nur das menschliche Bewusstsein steigt auf die Erde herab, sondern mit ihm auch viele Engelwesen, die von ihrem kosmischen Zusammenhang nunmehr getrennt sind. Steiner beschreibt diesen Abstieg folgendermaßen:

> Eine Anzahl von Engelwesen, die diese Aufgabe haben, die früher vereinigt waren mit dem Michael-Reiche, ging heraus, verließ das Michael-Reich. [...] Da liegt tatsächlich über der ganzen Entwickelung von Europa hinter den äußeren Tatsachen ein großes Geheimnis. [...] Ich muß gestehen, das ist eine der schwierigsten Fragen, die man aufwerfen kann in Bezug auf die neuere Entwickelung der Menschheit. [...] Aber diese Wesenheiten bilden ja gerade mit die karmische Entwickelung.[63]

Wenn sich das Karma eines Menschen ausbildet, findet eine Art Gespräch unter den Schutzengeln statt, die für ihn sowie für den Kreis der mit ihm zusammenhängenden Einzelnen zuständig sind. Es ist also eine gemeinsame Karmagestaltung. Wenn jene Engel das Reich des Michael verlassen und in die irdische Sphäre herabsteigen, entsteht Disharmonie in der Sphäre des Schicksals, und zwar auch für diejenigen Einzelnen, die noch unter der Schirmherrschaft von Michael stehen, denn auch ihre Schicksale sind mit den Schicksalen derer verwoben, deren Engelwesen nicht mehr unter Michaels Herrschaft stehen:

> In dem Zeitraum zwischen der Begründung des Christentums und dem Bewußtseinszeitalter, das vorzugsweise signalisiert war durch das 9. Jahrhundert, durch das Jahr 869, mußte das geschehen, daß in das Karma der Menschen Unordnung hineinkam! Damit ist eines der bedeutsamsten Worte ausgesprochen, das man über-

63 Steiner, Esoterische Betrachtungen karmischer Zusammenhänge (siehe Anm. 26), S. 168.

> haupt aussprechen kann mit Bezug auf die neuere Geschichte der Menschheit. Unordnung ist in das Karma der neueren Menschheit hineingekommen. Es wurden in den folgenden Erdenjahren nicht mehr alle Erlebnisse richtig in das Karma hineingestellt. Und das Chaotische der neueren Geschichte, was in die neuere Geschichte immer mehr und mehr soziales und anderes Chaos, Kulturchaos hineinbringt [...] das ist die Unordnung, in die Karma gebracht worden ist [...].[64]

Zeitgleich mit dem Abstieg der kosmischen Intelligenz auf die Erde und als ein diesem Geschehen innewohnender Aspekt tritt ein chaotisches Element in das menschliche Karma herein. Die große Aufgabe der mit dem Michael-Impuls zusammenhängenden Seelen hat genau damit zu tun: **In der Bewusstseinssphäre müssen sie eine Umwandlung des Denkens und in der Willenssphäre eine Umwandlung des Schicksals herbeiführen.** Steiner nennt es «das Karma in Ordnung bringen»:

> Von Michael hereingebracht wird die Kraft, die da bei denjenigen, die mit ihm gegangen sind, wiederum das Karma in Ordnung bringen soll. So daß wir sagen können: Was vereinigt die Mitglieder der Anthroposophischen Gesellschaft? Das vereinigt sie, daß sie ihr Karma in Ordnung bringen sollen! Wenn jemand merkt im Verlaufe seines Lebens, daß er da oder dort in Beziehungen hineinkommt, die nicht konform sind seinem inneren Drange, die vielleicht in irgendeiner Weise herausfallen aus dem, was richtige Harmonie ist im Menschen zwischen Gut und Böse [...] und auf der anderen Seite stets ein Drang in ihm ist, mit dem Anthroposophischen vorwärts zu kommen: da liegt das vor, daß der Mensch wiederum zurückstrebt zum Karma, zum wirklichen Karma, zum Ausleben des wirklichen Karma.[65]

Es entsteht ein Zustand, der dem gewöhnlichen Bewusstsein paradox erscheint: In dem mit der Michael-Strömung ver-

64 Ebd., S. 172.
65 Ebd., S. 174.

bundenen Menschen wirken zwei entgegengesetzte Schicksalstriebe: Michaelisches und nicht michaelisches Karma. In Steiners Vorträgen in England spricht er von «Sonnenkarma», das mit der Zukunft, das heißt, mit Schöpfung und Erneuerung zusammenhängt, sowie von vergangenheitsbezogenem «Mondenkarma», das auf den alten Fähigkeiten und Kräften des Menschen basiert. Es findet ein Kampf innerhalb des Menschen zwischen zwei Schicksalstrieben statt (wobei das Karma immer nur eines ist): Der eine Trieb treibt den Menschen hinaus aus seinem geistigen Impuls, den er auf Erden verwirklichen sollte, und demgegenüber gibt es das «wirkliche» Karma. Es gibt harmonisierendes und disharmonierendes Karma. Stellen wir es uns wie zwei mögliche Pfade im Leben eines Menschen vor. Wenn der Mensch auf die Erde herabsteigt, ist noch nicht entschieden, welchen Pfad er beschreiten wird. Die Michael-Spiritualisierung der Erkenntnis soll die Grundlage bilden, auf welcher das Schicksal umgewandelt und «in Ordnung gebracht» werden kann:

> Das ist der kosmische Strahl, der sich deutlich für den Erkennenden durch die anthroposophische Bewegung ergießt: Wiederherstellung der Wahrheit des Karma.[66]

Strömungen

Es gibt eine weitere Spannungsachse in der Komplexität des Individualkarmas innerhalb der anthroposophischen Bewegung. Aus einem inneren Entwicklungstrieb der menschlichen Kultur heraus sind über Zeitalter hinweg verschiedene Wesensqualitäten entstanden, und zwar in Gestalt geistiger Strömungen mit polarisierendem Charakter. Nach Steiner haben diese Strömungen ihre Sendung in der menschlichen Kultur über lange Zeiträume hinweg durch eine gewisse Selbstdifferenzie-

66 Ebd., S. 174.

rung entwickelt. In unserer Zeit werden sie nun «im Willen des Schicksals» in die anthroposophische Bewegung eingeführt. **Die moderne Geisteswissenschaft soll als eine Art Sprache zur Vereinigung der verschiedenen Strömungen im breiten Strom des Michael-Impulses fungieren.**

Während die Intelligenz auf der Erde immer irdischer wird, gründet Michael im 15. Jahrhundert in der übersinnlichen Sphäre das, was Steiner die «Michael-Schule» nennt. In diesem übersinnlichen «Studienzentrum» konnte Michael selbst als Lehrer erfahren werden. Dort sammelten sich alle Seelen, die mit der Michael-Sphäre zusammenhängen. Die verschiedenen Strömungen kamen unter Michaels direkter Führung zusammen als Vorbereitung auf eine gemeinsame, künftige Aufgabe. In dieser Michael-Schule lehrte Michael alles, was in verschiedenen Epochen im Laufe der Menschheitsentwicklung in verschiedenen Mysterien zu lernen war. Wie in einem immensen geistigen Panorama wurden die Samen für alles gesät, was in Zukunft durch die anthroposophische Geisteswissenschaft zu lernen sein wird. Ein breites Studium begann, an dem sich alle Seelen beteiligten, die später in der anthroposophischen Bewegung auf der Erde wirken sollten.[67]

Mit der Anthroposophie kommt die Michael-Schule am Anfang des zwanzigsten Jahrhunderts auf die Erde. Was vormals in der geistig-kosmischen Michael-Schule gelernt wurde, muss hier nun erneut unter irdischen Bedingungen neu gefasst werden, das heißt mit jenen Denkfähigkeiten, die auf der Erde im Laufe der letzten Jahrhunderte entwickelt wurden, in Einklang gebracht werden.

Steiner beschreibt die verschiedenen Strömungen, die heute durch jene geistige Vereinigung im 15. Jahrhundert in der anthroposophischen Bewegung zusammenkommen. Er skizziert ein Bild, das den damaligen Michael-Schülern, die zu Steiners Zeiten und heute inkarniert sind, dabei helfen soll,

67 Ebd., S. 114.

sich selbst in diesem Karmastrom zu identifizieren. Durch diese anfängliche Identifikation mit sich selbst sowie mit den anderen Gruppierungen und Strömungen soll sich die gemeinsame Arbeit auf Erden verwirklichen können.

Daraus ergibt sich ein Hauptspannungsbogen: Man konnte durch sein Schicksal am konstituierenden, übersinnlichen Geschehen der Michael-Schule teilnehmen. Das heißt: Es wurde dort ein Impuls zur Umwandlung des Denkens sowie zur Umwandlung des Schicksals gelegt. Aber das alte Karma, das «Mondenkarma», ist ebenfalls wirksam, sodass der Mensch kämpfen muss, um eine Beziehung zum Michael-Impuls neu zu gewinnen. **Er muss nun hier auf der Erde in sich «realisieren», was er «dort oben» gelernt hat, diesmal jedoch aus seiner eigenen Ich-Aktivität in der irdischen Sphäre heraus.**[68] Durch seinen Schicksalstrieb, der mit der geistigen Welt verwoben ist, erreicht der Mensch den Anschluss an die anthroposophische Arbeit. Er sucht auf der Erde, was in den Geisteswelten in seine Seele hineingelegt wurde, nämlich bei jenem übersinnlichen Geschehen in der Michael-Schule. Nichtsdestoweniger müssen wir bedenken, dass die Selbstfindung des Menschen im anthroposophischen Zusammenhang nicht unbedingt bedeutet, dass er tatsächlich diesen Impuls in sich selbst ausleben kann. Heute lässt sich im Rückblick, hundert Jahre später, sagen, dass jede Michael-Seele in einer großen Spannung lebt.

Welche Strömungen wirken in der anthroposophischen Bewegung? Nach Steiner handelt es sich hierbei um Seelen, die in der Anthroposophie nach Antworten auf verschiedene Fragen suchen. **Die erste Gruppe umfasst Seelen, die zahlreiche Leben hinter sich haben.** Durch verschiedene Mysterien

---

68 Steiner beschreibt unter anderem, wie viele der mit der Michael-Schule zusammenhängenden Individuen aus verschiedenen Gründen ihren Weg in die Anthroposophische Gesellschaft nicht finden konnten. Vgl. Steiner, Esoterische Betrachtungen karmischer Zusammenhänge (siehe Anm. 26), S. 53.

folgten sie dem Christus als Sonnenwesen über Zeitalter hinweg – oft seit Atlantis, manchmal sogar seit Lemurien. Sie stehen in einer tiefen inneren Beziehung zum Christus-Wesen. Bei ihrem Erreichen der Erde in der Zeit nach dem Beginn des Christentums, zwischen dem dritten und dem fünften Jahrhundert n. u. Z., sind sie gewissermaßen müde von alledem, was sie früher als Heidentum erfahren haben, sodass sie nun wieder nach Christus suchen. Aber innerhalb der Strukturen des damaligen Christentums können sie ihn nicht finden. Manchmal ist allgemein vom «Sohn» die Rede, von einem Aspekt der Gottheit, der Fleisch wurde; aber sie sind nicht in der Lage, ihn wirklich und aus lebendiger Erfahrung heraus, d. h. Christus als kosmisches Sonnenwesen zu finden. Nach dem Tod steigen diese Seelen in die Sonnensphäre hinauf, und zwar in der Hoffnung, ihn dort zu finden. Aber es stellt sich heraus, dass sie ihn auch dort nicht mehr finden können, weil er den Schwerpunkt seines Wirkens auf die Erde verlegt hat. Es entsteht in ihnen ein tiefer Impuls, Christus in seinem neuen Sein zu entdecken, und zwar als ein Wesen, das seinen eigenen Mittelpunkt mit der Menschheit auf der Erde verbunden hat. Dieser Impuls führt sie in unserer Zeit zur Anthroposophie. In diesem Sinne zeichnen sich jene «alten Seelen» durch **die Suche nach dem innersten Impuls, dem «Herzimpuls», aus.**[69]

Die zweite Seelengruppe schloss sich dem irdischen Entwicklungsstrom ab Mitte der atlantischen Epoche an (d. h., diese Seelen erfuhren bis zum Untergang von Atlantis mindestens eine Verkörperung). Sie verfügen über viele Kräfte, stecken noch im Heidentum und bleiben dort in gewisser Hinsicht auch nach Beginn des Christentums auf Erden. Sie «sprechen christlich», sind jedoch heidnisch und dennoch stark dazu geneigt, tiefgründig über das Christentum nachzudenken. Ihre postmortale Erfahrung beruht darauf, dass sie zwar in Körpern und in Regionen lebten, wo das Christentum

69 Ebd., S. 62–75.

gelebt wurde, aber das Wesentliche haben sie nicht verinnerlicht. Diese «jungen Seelen» suchen später in ihren aktuellen Verkörperungen auch in der Anthroposophie nach dem christlichen Element, **fokussieren sich jedoch auf dessen «heidnischen», kosmologischen Aspekt**, d. h., sie orientieren sich eher am geistigen Wissen. Diese beiden Gruppen alter und junger Seelen bilden zunächst die beiden Strömungen, die in die anthroposophische Bewegung kommen.[70]

In diesem Zusammenhang ist auf ein Ereignis hinzuweisen, das die Entwicklung dieser beiden Strömungen in der anthroposophischen Bewegung sowie deren Gegensätzlichkeit beeinflusst. Steiner beschreibt, wie die im 15. Jahrhundert gegründete Michael-Schule Anfang des 19. Jahrhunderts mit einem großen geistigen Ritual einen Höhepunkt erreicht, nämlich mit einer geistigen Imagination, die alles dort über die Jahrhunderte Erlernte in einem Bild zusammenfasst.[71] Die älteren Seelen erleben dieses Ereignis auf eine eher traumhafte Art und Weise, während es bei den jüngeren zu einem Willensimpuls wird. Dies bedeutet, dass es unter den älteren und jüngeren Seelen bei ihrer Wiederverkörperung im anthroposophischen Zusammenhang Individuen geben wird, die **das Sein des Herzens**, die Antwort auf ihre innere geistige Frage suchen werden, und zwar aus der Orientierung am Christus-Wesen; und dass es andere geben wird, in denen der Impuls zur **Verwirklichung der Anthroposophie in der Willenssphäre** leben wird, d. h. in der Verwirklichung der Anthroposophie durch konkrete Handlungen in der Welt. Diese Gegensätzlichkeit bildet den zentralen Spannungsbogen in der Anthroposophischen Gesellschaft am Anfang des 20. Jahrhunderts. Diese Gegensätzlichkeit, eine erste Polarisierung zeigt sich in der

70 Ebd.

71 Ebd., S. 46. Bei der Weihnachtstagung 1923–24 zur Neugründung der Anthroposophischen Gesellschaft wurde das Grundsteinmantra in die Herzen der Anwesenden gelegt. Es war eine Art irdische Widerspiegelung jenes kosmischen Ereignisses.

Entwicklung der Gesellschaft zwischen ihrer Gründergeneration und der zweiten Welle, die sie nach dem Ersten Weltkrieg erfahren hat: in dem Impuls zu den verschiedenen Initiativen in der Pädagogik, in der Heilpädagogik, in der Medizin, in der Landwirtschaft usw.[72]

Steiner weist auf eine weitere Polarisierung im Zusammenhang mit der anthroposophischen Bewegung hin, nämlich die zwischen **der platonischen Strömung und der aristotelischen Strömung.** Anders als bei der ersten Polarisierung handelt es sich um eine direkte Polarisierung zweier unterschiedlicher Erkenntnisgesten. **Die aristotelische Strömung hat durch Logik und Naturwissenschaften ein Erkenntnisverhältnis zur Welt aufgebaut. Die platonische hingegen hat das bildliche Element entwickelt.** Dementsprechend drückt das aristotelische Denken die Tätigkeit des linken Hirnlappens aus, d. h. analytisches Denken (Qualität der rechten Körperseite), während das platonische Denken mit dem rechten Hirnlappen, d. h. mit einer ganzheitlichen Auffassung (Qualität der linken Körperseite) zusammenhängt. Diese beiden Strömungen verknüpft Steiner mit dem Michael-Impuls, bei dem jede der beiden die jeweils eigenen Beiträge zur Bewusstseinsentwicklung der Menschheit leisten soll.

Die (neo-)platonische Strömung führt die Bewusstseinsentwicklung des Mittelalters an und erreicht ihre Blütezeit in der Schule von Chartres im 11. und 12. Jahrhundert. In Chartres werden die sieben freien Künste[73] gelehrt und gelernt wie ein letztes Echo des Mysterienwissens. Zum Höhepunkt kommt es durch einen großen Lehrer namens Alanus ab Insulis, der in Chartres sowie an anderen Orten in der zweiten Hälfte des 12. Jahrhunderts tätig war. In diesem Zusammenhang gilt es zu bedenken, dass Steiner, wenn er von der platonischen Strö-

---

72 Diese Spannung war bekanntermaßen einer der Hauptfaktoren bei der Teilung der Anthroposophischen Gesellschaft nach Steiners Tod.

73 Nämlich Grammatik, Rhetorik, Dialektik, Arithmetik, Geometrie, Musik und Astronomie.

mung von Chartres spricht, diese nicht nur auf den Platonismus im engeren Sinne bezieht, sondern auch auf alles, was vor Platon lag und erst durch Platon seine philosophische Ausformulierung erhielt:

> Denn das war nicht nur Platonismus, das war Lehre vom Mysterienschauen der vorplatonischen Zeit, nur daß dieses Schauen das Christentum in sich aufgenommen hatte.[74]

Die Strömung von Chartres enthält ein Echo des antiken Geistesschauens, das mit allem zusammenhängt, was damals noch **lebendiges, bildliches Bewusstsein** war und wodurch das Mysterienleben widerhallte. Darüber hinaus enthält sie die vorsokratische Philosophie, insbesondere **die pythagoreischen und neopythagoreischen Grundlagen**, die im Laufe der Jahrhunderte nach dem Ereignis von Golgatha in die neoplatonische Strömung aufgenommen wurden. Die aristotelische Strömung erwacht erst später in Europa und wirkt vornehmlich über die Dominikaner innerhalb der Kirche. Ihr Höhepunkt findet im Laufe des 13. Jahrhunderts unter der Führung des Thomas von Aquin statt. Er und seine zeitgenössischen Denker stellen das logische, aristotelische Denken in den Dienst der Christlichkeit.

Im ersten Viertel des 13. Jahrhunderts treffen sich in der übersinnlichen Sphäre die Anführer von Chartres einerseits und die der Dominikaner andererseits. Die Ersteren steigen aus ihrer Zeit auf der Erde empor, während die Letzteren sich beim Abstieg hin zu ihrer Verkörperung in der dominikanischen Strömung befinden. Sie treffen sich im Geiste und schließen eine Art Vereinbarung ab: Ihren Blick richten sie auf die neue Michael-Zeit, um in der Zukunft, in einer neuen Michael-Zeit, zusammenzukommen und für die Entwicklung der Menschheit neue Impulse zu bringen, die der Menschheit

74 Steiner, GA 237 (siehe Anm. 26), S. 94.

ermöglichen, sich wieder zum Geist zu erheben. Ihrer umfassenden Wahrnehmung entnehmen sie, dass die in Chartres gepflegte platonische Erkenntnisform beim Abstieg der Intelligenz auf die Erde nicht mehr auf Erden wirken kann, weil die kulturelle Bewusstseinsrealität zu «dicht» wird. Deswegen ist es an der Zeit, dass die Aristoteliker mit ihrem logischen und wissenschaftlichen Denken ihren führenden Platz in der Vorbereitung auf den Abstieg der Intelligenz auf die irdische Ebene einnehmen.[75]

Damit hängt noch ein Weiteres zusammen. Zu Beginn der neuen Michael-Zeit werden die Aristoteliker die Ersten sein, die absteigen. Mit ihrem logischen und wissenschaftlichen Denken vollziehen sie die erste Transformation des Denkens, das auf die Erde herabgestiegen ist. Erst später kommen die Lehrer aus Chartres, die an jene aristotelische Arbeit anknüpfen, um sie fortzusetzen. Darin besteht der Bund der beiden Strömungen: Die Aristoteliker steigen zuerst herab, nämlich um die Jahrhundertwende vom 19. zum 20. Jahrhundert, und stellen die Weichen für die Chartres-Lehrer, die erst danach, gegen Ende des 20. und Anfang des 21. Jahrhunderts kommen werden, um den anthroposophischen Impuls mit ihren eigenen Fähigkeiten fortzuentwickeln. Zu diesem Zeitpunkt schließen sich ihnen die Aristoteliker an, die bereits Anfang des 20. Jahrhunderts auf der Erde waren, und zusammen mit geeinten Kräften entsteht ein Impuls, der die Menschheit hinaufträgt, eine bedeutende Gegenkraft zum Sorat-Impuls bildet und die Grundlage für den erneuten Aufstieg zum Geist schaffen kann:

> Und im Laufe dieses 20. Jahrhunderts, wenn das erste Jahrhundert nach dem Ende des Kali-Yuga verflossen sein wird, wird die Menschheit entweder am Grabe aller Zivilisation stehen oder am Anfange desjenigen Zeitalters, wo in den Seelen der Menschen,

75 Ebd., S. 94–95. Alanus ab Insulis starb 1202, Thomas von Aquin wurde 1225 geboren.

die in ihrem Herzen Intelligenz mit Spiritualität verbinden, der Michael-Kampf zugunsten des Michael-Impulses ausgefochten wird.[76]

Und an anderer Stelle:

> Dann werden die, welche heute für die anthroposophische Bewegung wirken, am Ende des 20. Jahrhunderts schon wieder erscheinen und auf der Erde verbunden sein mit denen, welche die Lehrer von Chartres waren. Denn das ist die Abmachung jenes himmlischen Konzils im Beginne des 13. Jahrhunderts, daß sie miteinander erscheinen, die Aristoteliker und die Platoniker, und daß dahin gearbeitet werde, daß immer blühender und blühender die anthroposophische Bewegung im 20. Jahrhundert werde, damit am Ende dieses Jahrhunderts im Verein von Platonikern und Aristotelikern die Anthroposophie eine gewisse Kulmination in der Erdenzivilisation erlangen kann. Kann so gearbeitet werden, wie es von Michael vorbestimmt, prädestiniert ist, dann kommt Europa, dann kommt die moderne Zivilisation heraus aus dem Niedergang. Aber auf keine andere Weise sonst![77]

Das ist also das große Bild, das Steiner in einer Art Prophezeiung für die Mitglieder der anthroposophischen Bewegung beschreibt. Wir befinden uns mittendrin in diesem Geschehen. Am wichtigsten für uns ist – nicht aus der Perspektive des beginnenden 20. Jahrhunderts, sondern aus der Perspektive des beginnenden 21. Jahrhunderts –, dass wir bereits das Nächste wahrnehmen können: Jene Aristoteliker und die mit ihnen zusammenhängenden Seelen, die am Anfang des 20. Jahrhunderts auf der Erde waren, kommen zurück und schließen sich den Chartres-Seelen an. **Sie kehren bereits nach Beginn des Wiederkunftsereignisses 1933 zurück,** das neue Möglichkeiten des Bewusstseins, des Erlebnisses und des

76 Rudolf Steiner, Esoterische Betrachtungen karmischer Zusammenhänge, Bd. 6, GA 240, Vortrag vom 19.7.1924, Dornach 1992, S. 183.

77 Ebd., S. 184.

Handelns in der Welt eröffnet; **sie kehren also genau in das Sorat-Ereignis zurück,** dessen Mittelpunkt zeitgleich mit der besagten Vereinigung der Strömungen stattfindet.

Die neuen, durch das Wiederkunftsereignis entstandenen Möglichkeiten können eine Denkdynamik hervorbringen, die es ermöglicht, das geistige Anderssein der verschiedenen Strömungen zu begreifen. Das heißt die Entwicklung einer Fähigkeit, die Polarität der Strömungen als Polarisierung und Schwerpunkte innerhalb des menschlichen Wesens selbst als Welten-Menschen-Wesen zu begreifen. **Diese Einsicht kann den Weg dafür ebnen, das Unterschiedliche als Ergänzung zu verstehen.** Nur solch dynamisches Denken kann die Grundlage bilden, auf welcher die Zusammenkunft der Strömungen in unserer Zeit verstanden werden kann, und uns dabei helfen, Steiners Worte in Bezug auf die Vereinigung der Ströme am Ende des 20. Jahrhunderts zu entziffern:

> Bis dahin wird vorbereitet sein durch anthroposophische Spiritualität dasjenige, was dann aus der Gemeinsamkeit heraus verwirklicht werden soll als die völlige Offenbarung dessen, was übersinnlich durch die genannten Strömungen vorbereitet worden ist.[78]

Steiner bezieht sich hier auf die übersinnliche Begegnung der Strömungen in der Michael-Schule, wo der anthroposophische Impuls in seiner Gänze vorbereitet wurde, sowie auf jenen Höhepunkt der Vereinigung der verschiedenen Strömungen am Ende des 20. Jahrhunderts. Welches sind «die genannten Strömungen», die Steiner erwähnt und die das Karma der anthroposophischen Bewegung betreffen? Erstens handelt es sich hierbei um die beiden Seelengruppen – die alten und die jungen. Vertreter dieser beiden Gruppen waren, wie gesagt, bereits Anfang des 20. Jahrhunderts auf der Erde tätig. Zweitens sind es die platonische Strömung aus Chartres sowie die

---

78 Steiner, GA 237 (siehe Anm. 26), S. 118.

aristotelische Strömung der Dominikaner. Darüber hinaus erwähnt Steiner in diesem Zusammenhang die Rosenkreuzer-Strömung, die in der zweiten Hälfte des 13. Jahrhunderts bzw. am Anfang des 14. Jahrhunderts gegründet wurde. Die gegenseitige Wirkung der neoplatonischen Lehrer von Chartres auf die Aristoteliker des dominikanischen Ordens und umgekehrt schafft die Atmosphäre, in der diese esoterische Strömung gedeihen kann.

In Steiners Vorträgen in England in den Wochen nach dem besagten Vortragszyklus in Dornach werden zwei weitere zentrale Michael-Strömungen aufgeführt: Die Strömung von Arthur und die Strömung des Grals. Nach Steiner treffen sich die Einflüsse dieser beiden Schlösser – einerseits das Grals-Schloss, in welchem ein Christentum gepflegt wurde, das eher mit der Innerlichkeit des Menschen zusammenhängt; und andererseits das Schloss von Arthur, in dem eine «heidnische» Christlichkeit gepflegt wurde – in der Schule von Chartres. Das heißt: Die unsichtbaren geistigen Einflüsse dieser beiden großen Impulse strömen in die Vortragssäle von Chartres.[79]

Spricht Steiner von Grals-Strömung, ist die manichäische Strömung, die gleichsam karmisch hinter der Grals-Strömung steht, mit gemeint.[80] Diese im 3. und 4. Jahrhundert aktive Strömung fokussierte sich auf die Umwandlung des Bösen durch Liebe. Über diesen Hinweis reisen wir bis in die manichäische Strömung zurück, die die zentrale, mit der Umwandlung des Bösen zusammenhängende Michael-Aufgabe für die Menschheit weit in die Zukunft hineinträgt.

---

79 Vgl. Steiner, GA 240 (siehe Anm. 76), Vortrag vom 21.8.1924, S. 246.

80 Rudolf Steiner, Zur Geschichte und aus den Inhalten der ersten Abteilung der Esoterischen Schule 1904–1914, GA 264, Vortrag vom 19.4.1909, Dornach 1986, S. 230.

Der innere Weg angesichts des Schwellenübertritts

1. Die Wandlung des inneren Weges

Von Luftseelenprozess zum Lichtseelenprozess

Beschreitet ein Mensch den inneren Weg, umfasst dies all sein Tun – sowohl die Arbeit an sich selbst, sein «Üben» als auch seine Arbeit zum Wohle des Anderen. Er trägt die Früchte seiner inneren Arbeit in die Welt, und es wird ihm wahre Erkenntnis von sich selbst durch den Anderen möglich. Dies ist eine Bewegung, die Innen nach Außen, Außen nach Innen stülpt, um beide durch die schöpferische Tätigkeit des Ichs zu verwandeln. In diesem Sinne kann man sagen, dass der innere Weg, den ein Mensch beschreitet, die Ganzheit seines Lebens durchdringt. Die Art und Weise des Übens aber ist von großer Bedeutung, da das menschliche Bewusstsein sich in einem kontinuierlichen Prozess des Wachstums und des Wandels befindet und daher auch das geistige Schulen Prozesse des Wachstums und der Wandlung im Laufe der geschichtlichen Entwicklung durchläuft.

Steiner stellt die Entwicklung (menschlich, menschheitlich) in den Mittelpunkt seines Denkens und weist auf die Analogie zwischen der Entwicklung des kulturellen Bewusstseins der gesamten Menschheit mit der biographischen Entwicklung des einzelnen Menschen hin. Wie das Kind während der drei Jahrsiebte dem Erwachen des Selbst-Bewusstseins entgegenwächst und die Reifung des Ich-Bewusstseins um das 21. Lebensjahr erreicht, so wächst das menschheitliche Bewusstsein durch drei Kulturepochen (altindisch, altpersisch und ägyptisch-mesopotamisch) und erlangt in der vierten, griechisch-lateinischen Kulturepoche die Möglichkeit zur Ich-Bewusstseins-Geburt. In deren Mittelpunkt steht das «Stirb und Werde»-Ereignis des Christus-Wesens, das sogenannte «Mysterium von Golgatha». Dieses Ereignis bildet, wie gesagt, den Wende- und Umwandlungspunkt der menschlichen Geschichte. Ein neuer Impuls wurde damals als Keim unter die Oberfläche des Alltagsbewusstseins gelegt und reift seither allmählich bis zu einem wachen Erfassen in unserer Zeit.

Umfassend kann man sagen, dass bis zum «Mysterium von Golgatha» die geistige Praxis das Wahrnehmen und die Verinnerlichung der Welt durch Atmung und Beobachtung betonte (laut Steiner erlebte der Altinder die geistige Welt unmittelbar durch den Atemstrom), nach dem «Mysterium von Golgatha» liegt der Schwerpunkt immer mehr auf der schöpferischen Tätigkeit des denkenden Ichs. Steiner spricht in diesem Zusammenhang vom Übergang vom «Luftseelenprozess» zum «Lichtseelenprozess»:

> In der Zeit, die unserem Zeitalter vorangegangen ist, ist dasselbe an die Menschheit durch die Luft heran gekommen, was jetzt an uns herankommt durch das Licht [...] und wenn wir im Großen denken, so können wir sagen: Luftseelenprozeß, Lichtseelenprozeß [...] Und mitten hinein fällt, den Übergang des einen in das andere bedeutend, das Mysterium von Golgatha.»[81] «Der heutige Mensch soll nicht auf dem Umwege durch das Atmen, sondern er soll auf einem seelischeren Wege, auf einem Wege mehr des Gedankens selber sich in die geistigen Welten hinaufleben.[82]

In diesem Zusammenhang könnte der große Entwicklungsverlauf, den wir hier in Bezug auf die Wandlung des inneren Schulungswegs angedeutet haben, als einen Übergang von der Luftatmung zur Lichtatmung charakterisieren. So kann auch der Entwicklungsverlauf der gesamten Menschheit als eine Atembewegung gesehen werden: **eine «Einatmung» vom Umkreis ins Zentrum, bis in die vierte Kulturepoche, der Umstülpungspunkt von «Stirb und Werde» im Zentrum der vierten Kulturepoche (innerhalb von sieben), schließlich**

81 Rudolf Steiner, Die Sendung Michaels, GA 194, Vortrag vom 30.11.1919, Dornach 1994, S. 115.

82 Rudolf Steiner, Menschliches Seelenleben und Geistesstreben im Zusammenhange mit Welt- und Erdentwickelung, GA 212, Vortrag vom 30.11.1919, Dornach 1994, S. 135.

eine «Ausatmung», eine Art Verwirklichungsbewegung des Ich durch unsere fünfte Kulturepoche hindurch und in die Zukunft hinein.

Das Überschreiten der Schwelle und die Geburt der neuen Willensmysterien

Steiner spricht von sieben Kulturepochen, deren Entwicklungsbewegungen als ein großer Bogen gesehen werden können, der mit einem allmählichen Hinabsteigen in die irdische Lebenssphäre beginnt, sich festigend auf der Erde fortsetzt, um sich dann wieder aufwärts zu bewegen, durch eine Umstülpung im Herzen des irdischen Zeitraums. Betrachten wir diesen großen Bogen, so können wir zwei kritische Momente, zwei Schwellen sehen, die ihn durchkreuzen. Einen nah zu Beginn der dritten, ägyptisch-mesopotamischen Kulturepoche, in dem sich die Menschheit vom alten geistigen Bewusstsein, von ihrer geistigen «Kindheit» verabschiedet und beginnt, sich eine Basis auf der Erde zu schaffen. Der andere liegt auf der zweiten Seite des Bogens, nah zu Beginn des 20. Jahrhunderts, in dem die Menschheit wieder beginnt, die Schwelle zu überschreiten, diesmal in entgegengesetzter Richtung, um sich dem Erleben des Geistes durch das gereifte Ich-Bewusstsein zu öffnen. Diese zwischen beiden Schwellen liegende Epoche wurde von den Indern «Kali-Yuga» (Finsteres Zeitalter) genannt, die nach indischer Überlieferung mit Krishnas Tod im Jahr 3101 v. Chr. begann. Das Kali-Yuga dauerte 5000 Jahre und endete im Jahre 1899. Was als Keim im Herzen des Erdenzeitalters angelegt wurde und allmählich durch die vierte Kulturepoche und die ersten Jahrhunderte der fünften Kulturepoche reifte, wird durch das Überschreiten der Schwelle ins Bewusstsein gehoben und kann nun auch im äußeren Leben wirksam werden.

Steiner lenkt unseren Blick wieder und wieder auf diesen Zeitpunkt des Wechsels vom 19. zum 20. Jahrhundert, der

Beginn des Schwellenübertritts, in der sich die Menschheit wieder einem geistigen Bewusstsein öffnet. Dieses Überschreiten soll nach Steiner (der zu Beginn des 20. Jahrhunderts sprach) während des mittleren Drittels des 20. Jahrhunderts sein kritisches Momentum erreichen. Neue geistige Möglichkeiten werden sich eröffnen, und die Menschheit wird herausgefordert, zu diesem großen Schritt zu erwachen, der sich unter der Schwelle des gewöhnlichen Bewusstseins unserer Zeit vollzieht.

Neben dem erneuten Öffnen zum Geist und als Teil dieses Schwellenübergangs sehen wir ein Auseinanderbrechen und Zerfallen der alten Formen, die die Menschheit durch Hunderte und Tausende von Jahren getragen haben. Aus dem Überschreiten der Schwelle geht der Ruf zu einem tiefgreifenden Lebenswandel, der in des Menschen Tiefen ansetzt und in alle Ebenen seines Lebens geführt werden will. Die Geburt der Anthroposophie am Anfang des 20. Jahrhunderts mag als ein Aspekt dieses neuen Bewusstseins und als Vorbereitung für die große Öffnung zum Geist, die in den 1930er Jahren begann, gesehen werden. Wir können die Anthroposophie (und in diesem Zusammenhang auch die Weihnachtstagung von 1923/24) als einen Kelch für diese neue Geburt innerhalb der Menschheit betrachten.

In Bezug auf den inneren Weg des Menschen hat dieser Moment des Überschreitens der Schwelle eine große Bedeutung. Wie oben erwähnt, gründete sich die altindische innere Schulung auf die Atmung. Steiner beschreibt, wie der Mensch in der ersten und noch in der zweiten Kulturepoche die Welt einatmete und «geistige Ströme», die ihn durch die Atmung durchdrangen, in ihm zum Wissen, zur Weisheit wurden. Auch später, als diese Atem-Praxis nicht mehr imstande war, dem Menschen seiner veränderten Konstitution wegen zu dienen, lag der Schwerpunkt der inneren Schulung immer noch auf der Wahrnehmung der Welt, also auf dem passiven Pol der Beobachtung. Der Mensch erlebte sich als Zuschauer einer gegebenen Wirklichkeit, als ein gegenüber der Götter Schöpfungswerk betrachtendes Geschöpf.

Der oben beschriebene Übergang vom «Luftseelenprozess» zum «Lichtseelenprozess» bedeutet in Steiners Sprache zugleich den Übergang **von den «Weisheitsmysterien» zu den «neuen Willensmysterien»**. Die «Weisheitsmysterien» beruhten grundsätzlich auf der Wahrnehmung der Welt und ihrer Verarbeitung im Inneren; während des Einweihungs- und Schulungsvorgangs wandelte sich die Weltweisheit zur Menschenweisheit, der Schwerpunkt lag im Aufnehmen und Empfangen (nicht zufällig hatte sich die jüdische Esoterik, die aus der Zeit vor der Zeitenwende stammt, die Bezeichnung «Kabbala», d.h. «Empfängnis» gewählt). Die «neuen Willensmysterien», die in unserer Zeit durch das Überschreiten der Schwelle geboren werden, gründen sich auf die schöpferische, bewusste Tätigkeit des Ichs; **der Schwerpunkt verlagert sich von einem umkreishaften Aufnehmen zu einer bewussten, schöpferischen Zentrumstätigkeit des Menschen.**

Wir befinden uns also innerhalb eines Schwellenübergangsgeschehens, das am Anfang des 20. Jahrhunderts mit der Beendigung des Kali-Yuga beginnt. Versuchen wir diese neue geistige Entwicklung in ihren grundlegenden Zügen nachzuverfolgen. Steiner weist auf einen Rhythmus von 33 Jahren hin, der seit dem Zeitenwende-Ereignis in den Entwicklungsstrom der Menschheit eingegangen ist. Dieser Rhythmus ist mit den Vorgängen der Ich-Geburt durch die Feuerprobe von «Stirb und Werde» eng verbunden. Eine solche Beobachtung kann uns ermöglichen, die Vorgänge der Metamorphose, die der innere Strom der Anthroposophie durchlief und durchläuft, aus erweiterter Perspektive zu erkennen und die geistigen Herausforderungen unserer Zeit zu verstehen. Zunächst soll unser Blick auf die allgemeinen Entwicklungsstufen der anthroposophischen Strömung gerichtet werden, um daraufhin diese Entwicklung vom Gesichtspunkt des inneren Weges zu betrachten.

Die ersten 33 Jahre, im ersten Drittel des 20. Jahrhunderts liegend, in welchen die Menschheit die zerstörerische Kraft des Ersten Weltkrieges durchlitt, waren die **Gründungsjahre:** die Gründung der erkenntnismäßigen, künstlerischen und praktischen Grundlagen der Anthroposophie. Steiner war im großen Teil dieses Zeitabschnitts auf Erden anwesend und begründete, aus geistiger Forschung in Zusammenarbeit mit seinen Gefährten die Anthroposophie samt ihren verschiedenen Arbeitsfeldern. Dies war ein gewaltiger Durchbruch, dessen Ziel es war, die Grundlage für eine neue geistige Kultur auf Erden durch die Überwindung des starren Materialismus des 19. Jahrhunderts zu schaffen.

Die nächsten 33 Jahre bilden das Herz des 20. Jahrhunderts. Steiner sprach in einer prophetischen Vorschau davon, dass sich ab dem Jahre 1933 die ätherische Lebenssphäre für das menschliche Bewusstsein eröffnen würde. Steiner sah die Rolle der Anthroposophie darin, **eine geistige Sprache für dieses Ereignis vorzubereiten**, das einen neuen Impuls für die Menschheit mit sich bringen würde. Eine Art zweites «Mysterium von Golgatha» würde sich vollziehen, diesmal aber auf der ätherischen Ebene, auf der die Menschen Christus als dem «Ich-Bin» würden begegnen können. Das ist das zentrale geistige Ereignis unseres Zeitalters, und die großen Katastrophen der 1930er und 1940er Jahre des vorigen Jahrhunderts, der Zweite Weltkrieg und der Holocaust, können als seine schrecklichen Schatten verstanden werden. **Die Eröffnung der Lebenssphäre** in der Mitte des vorigen Jahrhunderts bedeutet, dass das Vorgängliche an sich dem menschlichen Bewusstsein zugänglich zu werden beginnt, und sich mit ihm die Fähigkeit, das Wesen der Umwandlung zu erfassen, vertieft. (Ein äußerlicher Aspekt dieser Öffnung zur Lebenssphäre kann z. B. an dem wissenschaftlichen Durchbruch im Biologischen gesehen werden, der mit der Entdeckung der Struktur, der Doppelhelix des menschlichen Genoms durch Watson und Crick im Jahre 1953 verbunden ist.) Im Durchgang durch das Wiederkunftsereignis auf der ätherischen Ebene in der Jahrhundertmitte eröffnen sich im letzten Drittel des 20. Jahrhunderts neue Möglichkeiten für die Anthroposophie.

Die dritte Stufe der Bewusstseinsentwicklung ist eng mit **den Prozessen der Verinnerlichung** verbunden. In dieser Zeit stellt sich zunehmend die Frage, wie man sich die Anthroposophie zu eigen macht, oder in anderen Worten: Wie kann ich die Anthroposophie aus mir heraus hervorbringen, ohne mich an äußere Wissensstützen zu lehnen? Der Ruf lautet, in mir auf phänomenologische Weise in einem wach denkenden Vollzug Grunderkenntnisse der Anthroposophie zu entwickeln. Georg Goelzer bietet uns bedeutende Hilfe in dieser Richtung, indem er den Weg zu einem dynamischen Denken des menschlichen Wesens bahnt.[83] Der Schwerpunkt wird **vom Begriff zur denkend-schöpferischen Tätigkeit**, die den Begriff schuf, verlagert. Das Denken selbst wird im unendlichen Herzschlag zwischen Zentrum und Umkreis zu einer Art Atemprozess. Aus dieser bewussten Tätigkeit kann das Ich eine lebendige Erkenntnis seines Wesens als Menschen-Welten-Wesen entwickeln.

Wir befinden uns heute, am Anfang des 21. Jahrhunderts, in der vierten Epoche von 33 Jahren seit dem Ende des Kali-Yuga und der Gründung des anthroposophischen Impulses. Die vierte Stufe ist mit dem Ich verbunden: Die Frage nach dem individuellen Karma taucht in zunehmendem Maße auf und fordert von uns, uns im Anderen auf reale Weise zu erleben. **Die Individuation wird auf dieser Stufe zu einer verantwortlichen Haltung dem Weltgeschehen gegenüber.**

Merke den Pendelschlag

Aus dieser Entwicklungsperspektive können wir nun wieder auf die Frage des inneren Weges unserer Zeit eingehen. Wir fragen nach jenem «Lichtseelenprozess», von dem Steiner sprach, und nach seiner Bedeutung für den neuen inneren

83 Vgl. Goelzer, Der kristallene Strom (siehe Anm. 4).

Weg, der sich in unserer Zeit durch den Schwellenübergang und mittels der beschriebenen Hinwendung zur Lebenssphäre eröffnet.

Den ersten, vorwegnehmenden Impuls für diese Lichttätigkeit können wir schon in Steiners Buch «Die Philosophie der Freiheit» entdecken. Dieses im Jahre 1894 erschienene Buch zielt darauf, die Quelle des denkenden Ich als innere Stütze anzuregen, aus der der Mensch sich selbst als allumfassendes Zentrum-Umkreis-Wesen erfassen kann. Es ist im Grunde ein Schulungsbuch durch und durch. Die Bewegung des schöpferischen Willens, die im Zentrum des denkenden Ichs erweckt wurde, wird danach in der Tätigkeit des freiheitlichen Tuns in die Welt geführt. An einigen Stellen der «Philosophie der Freiheit» können wir die ersten Versuche erkennen, eine neue Form der Betrachtung der Beziehung zwischen Mensch und Welt zu formulieren, die auf eine Art Atembewegung hinweisen. So schreibt Steiner im sechsten Kapitel des Buches:

> Unser Leben ist ein fortwährendes Hin- und Herpendeln zwischen dem Mitleben des allgemeinen Weltgeschehens und unserem individuellen Sein.[84]

Dies ist eine der ersten Stellen, an denen Steiner unseren Blick direkt auf die Wirklichkeit des Menschen-Welten-Verhältnisses als ein einheitlich-dynamisches lenkt. Den Hinweis auf «ein fortwährendes Hin- und Herpendeln» finden wir später in vielen Formulierungen in Steiners Werk, und auf besonders eindrucksvolle Weise in seinen Sprüchen, die er als Grundlage für die meditative Arbeit gegeben hat:

Suche im eigenen Wesen:
Und du findest die Welt;
Suche im Weltenwalten
Und du findest dich selbst;

84 Steiner, Die Philosophie der Freiheit (siehe Anm. 12), S. 109.

Merke den Pendelschlag
Zwischen Selbst und Welt:
Und dir offenbaret sich
Menschen-Welten-Wesen;
Welten-Menschen-Wesen.[85]

Die Betonung liegt auf der Bewegung zwischen Mensch und Welt, die als ein großer Herzschlag erfasst wird. Nur im Einstimmen auf die Bewegung kann sich uns das Verhältnis des Menschen-Welten-Wesens und des Welten-Menschen-Wesens eröffnen. Die große Schwierigkeit, ein derartiges Denken zu entwickeln, liegt im Begreifen der Wirklichkeit als Bewegung, und nicht als eine Sammlung von in sich geschlossenen Objekten. Das philosophische und wissenschaftliche Denken seit dem alten Griechenland hat immer das Analytische, Differenzierende entwickelt und betont, das sich auf die einzelnen Gegenstände und Begriffe konzentriert, und schuf dadurch eine große Bewusstseinsklarheit. Doch ging diese Klarheit der ersten Stufe auf Kosten des Einheit-Erlebnisses. Die Frage, die sich uns durch den Schwellenübergang unserer Zeit stellt, ist, **wie wir zu einer ganzheitlich-einheitlichen Erfahrung zurückkehren können, ohne die erlangte Bewusstseinsklarheit zu verlieren**. Steiners Antwort liegt in der Bewegung: «**Merke den Pendelschlag**». Diese Richtung, die sich bemüht, ein neues einheitliches Bewusstsein zu gewinnen, ohne die Spannung der Pole zu verlieren, die in dieser Einheit eingeschlossen sind, kann als Dynamischer Monismus bezeichnet werden.[86] Einen der wichtigsten Versuche Steiners, dieses dynamische Denken zu einer meditativen Erfahrung werden zu lassen, können wir in der sogenannten «Heilpädagogischen Meditation» sehen,

---

85 Rudolf Steiner, Wahrspruchworte, GA 40, Dornach 1998, S. 289.

86 Vgl. Mara Friederich, Georg Goelzer, Falter und Blüte, Dornach 1994, S. 31–53. Den wissenschaftlichen Teil des mehrfach angeführten Buches *Falter und Blüte* gibt es in einer Neufassung unter dem Titel *Sternenwanderung auf der Phoebus-Spur*, Der grüne Vogel, Dornach 2023.

die im Jahre 1924, im Rahmen des sogenannten Heilpädagogischen Kurses gegeben wurde.[87] Hier wird die erkenntnismäßige und meditative Tätigkeit tief in das praktische Leben hineingeführt: Steiner gibt uns zwei kurze, mit Tafelzeichnungen begleitete Sätze.

Der erste soll am Abend gesagt werden:

In mir ist Gott

(Auf der Tafelzeichnung ist ein blauer Kreis mit einem gelben Mittelpunkt zu sehen.)

Der zweite soll am Morgen gesagt werden:

Ich bin in Gott

(Auf der Tafelzeichnung ist ein gelber Kreis mit einem blauen Mittelpunkt zu sehen.)

Ein intensives Üben soll diese beiden Vorstellungen «ganz Empfindung, ja Willensimpulse werden» lassen und zu einem neuen Verstehen des Verhältnisses zwischen Innen und Außen führen: «Sie müssen verstehen, daß ein Kreis ein Punkt ist, ein Punkt ein Kreis ist.» Dieses innere Versenken im Wechsel zwischen Zentrum und Umkreis, der nach Steiners Hinweisen mit dem rhythmischen Wechsel zwischen Abend und Morgen verbunden ist, kann zu der Erkenntnis führen, dass **in Wirklichkeit das Zentrum ein Kreis, der Kreis ein Zentrum ist.** Dem gewöhnlichen Denken mag es vielleicht paradox erscheinen, doch von einem höheren Gesichtspunkt aus gesehen, sind im Grunde sowohl der Umkreis als auch das Zentrum die beiden polaren Aspekte derselben, einheitlichen Grund-Wirklichkeit. Die unsichtbare Bewegung, die Abend an Morgen, Mensch an Welt bindet, wird zum Brennpunkt dieser meditativen Erfahrung. Steiner regt im Laufe des Vortrags an, unsere gesamte

87 Rudolf Steiner, Heilpädagogischer Kurs, GA 317, Vortrag vom 5.7.1924, Dornach 1995, S. 154.

Erfassung des Menschen bis ins Physiologische hinein aus solchen Metamorphose-Beziehungen zu entwickeln: «Sie können eine Anatomie, eine Physiologie bekommen, indem Sie von dem ausgehend meditieren.»[88] Es wird uns klar werden, dass der menschliche Leib selbst als ein vielschichtiger Komplex von Metamorphosen zwischen Punkt und Kreis (oder Geraden und Runden) gebaut ist. Diese dynamische Meditation kann eine Grundlage für die heilende Arbeit bilden, auch weil sie schrittweise zu der Erfahrung reift, dass der Andere ich bin – eine Erfahrung, die für heilendes Tun Voraussetzung ist.

Diese Entwicklung bekommt neuen Antrieb durch den umwandelnden Übergang durch das «Herz des 20. Jahrhunderts», von dem oben die Rede war. Die Lebenssphäre öffnet sich, und die Menschen können dem Christus-Wesen als Verwandlungswesen in der Lebenssphäre begegnen. Neue Fähigkeiten des Denkens und inneren Erlebens, die durch dieses Verwandlungsgeschehen entwickelt werden, ermöglichen es dem Menschen, das Werdende und Lebendige im Menschen und in der Welt zu erfassen und zu vertiefen. Für den inneren Weg bedeutet dies, dass die Samenkörner des neuen Denkens, die Steiner gelegt hat, nun keimen und wurzeln können. Die Wirklichkeit fängt an, sich als eine Zusammenstellung von Beziehungen, als eine Komposition zu zeigen. Lag am Anfang des 20. Jahrhunderts der Schwerpunkt eher auf dem begrifflichen und bildhaften Aspekt, geht er nun auf den beweglich-musikalischen Aspekt über. Das Richten des Blickes auf die denkende Tätigkeit zeigt uns, dass das Denken selbst als Ich-Tätigkeit im Wesentlichen eine Bewegung ist. Beide – Begriff und Bild – sind Erzeugnisse dieser Bewegung. Hinter und in jedem Bild ist ein Bewegliches zu sehen, das ihm zugrunde liegt; die Betonung dieses Bestandteiles wandelt die meditative Arbeit zu einer Arbeit beweglicher, eurythmisch-musikalischer Art um.

---

88 Ebd., S. 155.

In «Alpha und Omega»[89] weist Goelzer auf die Möglichkeit einer meditativen Arbeit hin, die sich auf musikalische Ich-Tätigkeit dieser Art gründet. Die Vertiefung in eine bildhafte oder wörtliche Vorstellung, wie wir sie am Beispiel der Punkt-Kreis-Meditation beschrieben haben, geht einen Schritt weiter und wird zu einer Herzschlagbewegung des Ichs. Man ist angeregt, die Bewegung der Zentrum-Umkreis-Verhältnisse seines Wesens als eine Art eurythmische Bewegung innerlich nachzuvollziehen, die sich vom individuellen Zentrum zum universellen Umkreis strahlend ausdehnt und dann wieder als eine zusammenziehende Bewegung vom universellen Umkreis zum individuellen Zentrum zurückkehrt. Ein zentraler Schwerpunkt in Goelzers Werk wird auf die Momente der Umstülpung von Zentrum und Umkreis gelegt. Diese Umstülpungsmomente stellen sich als Schwellen dar, die durch den Durchgang durch das «Nichts» – sich ins Unendliche zusammenziehen, sich zum Unendlichen ausdehnen –, Entwicklung und Umwandlung ermöglichen. Eine Meditation dieser Art strebt danach, das menschliche Wesen in dynamischer Weise, auf dem Weg einer «inneren Eurythmie» zu entwickeln. Das atmende Ganze kann auch durch die Sprachlaute erlebt werden: Das A als eine vom Zentrum zum Umkreis sich öffnende Geste, das O als eine sich vom Umkreis ins Zentrum zusammentragend verdichtende Geste. Und aus diesem elementaren Herzschlag, auf dem Weg einer klanglichen Differenzierung, wird das dynamische Bild des Menschen erstellt und erlebt. Es handelt sich hier um eine **reine Ich-Tätigkeit-Meditation**, die in sich **Bewusstseinsklarheit und erlebende eurythmische Beweglichkeit** schließt, samt einer **schöpferischen Willensaktivität**, die mit dem **Wort** als Grundelement verbunden ist.

Den beschriebenen Vorgang entwicklungsmäßig betrachtend können wir also sehen, wie im ersten Drittel des 20. Jahrhunderts das reine Denken der «Philosophie der Freiheit» zu

89 Vgl. Goelzer, Alpha und Omega (siehe Anm. 37).

bildlichem Bewusstsein wird, sich durch die Jahrhundertmitte zu einem eurythmisch-musizierenden Bewusstsein wandelt, um dann in unserer Zeit zu einem schöpferischen und heilenden Sprechen zu werden, das bis in die Schicksalssphäre hinein wirkt. Die «Alpha und Omega»-Meditation zeigt sich als ein innerer Weg des schöpferischen Wortes und als solche als eine **Meditation des Anderen**, d.h. als ein innerer Weg, der sich grundsätzlich auf den Wesenskern des Anderen richtet.

Immer mehr wird sich die innere Arbeit zu einer Bewegung zum Anderen hin umwandeln, und der meditative Raum wird zu einem solchen des Den-Anderen-Tragens. Das ist der tiefere Sinn der Geburt der neuen Willensmysterien unserer Zeit: **Innen und Außen fügen sich zusammen in einer großen Pendelbewegung zwischen innerer Arbeit, indem ich den Anderen in mir finde, und der Arbeit nach außen, in die Welt hinein, indem ich mich den Anderen hin schenke.** Und weil der Schlüssel für diesen Wesensherzschlag im Durchgang der Schwellen des «Nichts» im Zentrum und Umkreis steckt, ist der Eingang zu dieser Erfahrung im eigentlichen Leben der sich wiederholende Durchgang durch diese Ohnmachtsschwellen an den Umstülpungspunkten des «Ich» und «Du». Das persönliche Ich muss zurücktreten, damit ich mich im Anderen als «Ich-Bin» finden kann. «Hier entscheidet allein die Liebe zu einer Handlung», sagt Steiner. «In dieser *Liebe* soll sich ausleben alles, was den Geheimschüler zu einer Handlung treibt. [...] Er wird lernen, seine Taten, ja sein ganzes Wesen der Welt zu opfern.»[90]

90 Steiner, Wie erlangt man Erkenntnisse der höheren Welten? (siehe Anm. 3), S. 109.

2. Der innere Weg als Grundlage gemeinsamen Lebens aus dem Geist heraus

Ein zentraler Prozess, der mit dem Schwellenübergang zusammenhängt, ist die Teilung der Seelentätigkeiten. Wie im ersten Kapitel beschrieben, lösen sich bei der esoterischen Übung die Fäden, die Denken, Fühlen und Wollen miteinander verbinden, langsam auf. Dieses Auflösen ist eine Voraussetzung für die Befreiung des inneren Wesens aus dem dualistischen Bewusstseinszustand und für die Erfahrung tieferer Ebenen des Seins. Beim Schwellenübergang der Menschheit als solcher können wir darum von einer immer weitergehenden Auflösung der sozialen Grundstrukturen sprechen, die Menschen mit Menschen verbinden und ein gemeinsames Leben ermöglichen. Nun hat der Mensch auch die Verantwortung dafür auf sich zu nehmen, was früher auf eine traditionelle, vielleicht sogar instinktive Art und Weise vonstatten ging. Immer mehr zeigt sich, dass ein gemeinsames Leben in Zukunft nicht ohne bewusste Prozesse von Veränderung und Umwandlung auf den drei Grundebenen des menschlichen Seelenlebens möglich sein wird: im Denken, im Fühlen und im Wollen. Wir sind Zeugen einer tiefen Veränderung in der menschlichen und sozialen Ordnung, die die Frage aufwirft: Was sind die Bedingungen, unter denen der innere Weg des Einzelnen zur Grundlage für gemeinsames und gemeinschaftliches Leben werden kann?

Die Aufgaben des inneren Weges in Verbindung mit dem sozialen Leben

Eine der Früchte des bewusstseinsmäßigen Schwellenübergangs der Menschheit in unserer Zeit ist die Fähigkeit, dynamisch den Menschen als einheitliches Wesen zu denken. In seinem Buch *Der kristallene Strom*[91] weist Goelzer auf die neuen Denkmöglichkeiten hin, die das Schwellenereignis unserer Zeit

91 Goelzer, Der kristallene Strom (siehe Anm. 4).

bietet. Der Mensch «besteht» nicht aus Denken, Fühlen und Wollen, sondern jenes einheitliche Wesen, das Steiner Welten-Menschen-Wesen nennt, zeigt sich selbst in einer Polarisierung der drei Grundtätigkeiten: Die Bewusstseinstätigkeit hat einen Lichtcharakter, sie strahlt vom Mittelpunkt zum Umkreis aus und erlaubt uns als bewusstem Mittelpunkt, den universellen Seinsumkreis zu begreifen, ihn zum Begriff zu machen. Auf der anderen Seite zeigt sich die Willenstätigkeit, deren Ursprung am «dunklen» bzw. unbewussten Umkreis liegt, als schaffende Tätigkeit, die das individuelle Element aufdeckt: Die Handlung ist immer spezifisch. Und dazwischen lebt die erlebende Mitte des Menschen als umwandelnde Pendelbewegung, die beide Pole als eine pulsierende Einheit umfasst. Diese erlebende Mitte erlaubt die Entwicklungsbewegung, bei der Denken andauernd zum Willensimpuls umgewandelt wird, und das Handeln ermöglicht die Geburt eines neuen Verständnisses. Während wir im Bewusstseinsleben wach sind, liegt das Willensleben für den bewussten Mittelpunkt unseres Wesens im Dunkeln.

Wenden wir uns nun der Frage nach dem inneren Weg zu. Es lässt sich sagen, dass der Ausgangspunkt für einen modernen geistigen Weg in der Entwicklung des Willens innerhalb des Bewusstseinslebens und darin besteht, Bewusstsein in die Willenssphäre hineinfließen zu lassen. Es vollzieht sich eine Umkehrung: Die individuelle Tätigkeit des schaffenden Willens steigt in die Lichttätigkeit des universellen Denkens hinauf (neue Einsichten); während die strahlende Tätigkeit des universellen Denkens Licht auf die dunkle Ebene des individuellen Willens wirft. Auf diesem Wege wird das Denken aktiv, während es im gewöhnlichen Bewusstsein meistens von externen Impressionen oder von seelischen Trieben angeführt wird. An dieser Stelle kann man, da das Ich selbst im Denken tätig ist, vom Erstarken des Ich sprechen. Dieses Erstarken erlaubt ein allmähliches Erwachen des Bewusstseins in der Willenssphäre und aus ihm heraus kann nun die im schlafenden Willen lebende Schicksalssphäre beleuchtet werden. Der Vorhang wird aufgezogen und die tieferen Schichten des Seins treten ans Licht. Steiner spricht von unserer Zeit als einer apokalyptischen Zeit (Apokalypse bedeutet Enthüllung). Tatsächlich bröckeln parallel zum Aufziehen des Vorhangs, welches mit der Trennung der Seelentätigkeiten vergleichbar ist, auch die Stützen, die uns im normalen Leben getragen haben. So wird der Mensch auf die Probe gestellt: Das seelische Gewebe löst sich auf und ermöglicht die Beobachtung der schlafenden Willenssphäre, in der die Geheimnisse des Schicksals leben. Zeitgleich aber verliert der Mensch den Boden unter seinen Füßen, die Grundlage seines Lebens, und muss nun über den bewussten Weg der Selbstumwandlung eine neue Grundlage finden. Im Folgenden betrachten wir die Initiationsprozesse des Menschen auf den drei Ebenen – im Bewusstsein, im Willen und in der dazwischen lebenden Herzsphäre, und zwar vor dem Hintergrund von Goelzers Worten: «Wie erschließt sich uns im tiefsten Sinn das Wissenschaftlich-allgemeine und das Schicksalsmäßig-individuelle unseres Menschenseins? Und die Antwort ist: Allein durch ihn, der unser wahres Wesen ist.»[92]

Die Bewusstseinssphäre

Fangen wir mit dem Bewusstseinsleben des Menschen an. In dieser Sphäre finden wir eine klare Polarität zwischen **Beobachtung** einerseits und **Denken** andererseits. Das ist die Grundpolarisierung, auf die Steiner in der «Philosophie der Freiheit» hinweist. Die Beobachtung zeichnet sich dadurch aus, dass wir uns gegenüber dem beobachteten Objekt passiv empfinden. Dem Betrachter erscheint die Welt wie gegeben. Demgegenüber erlebt das denkende Ich das Denken als seine eigene Tätigkeit.

Die Übung in der Sphäre der Beobachtung soll sich im Lichte der goetheschen Phänomenologie entwickeln und die

92 Goelzer, Feuerzunge (siehe Anm. 9), S. 11.

Dinge sich selbst dem beobachtenden Menschen zeigen lassen, ohne dass dieser sich als Subjekt am Prozess beteiligt. Es gilt also, den Anderen kennenzulernen, sich im Bewusstsein ein inneres Bild von unseren Partnern zu erschaffen, und zwar aus ihrem eigenen Wesen heraus und nicht anhand der unbewussten Sympathien und Antipathien unserer eigenen Seele. Die Fähigkeit, zusammenzuleben, hängt von der Fähigkeit ab, zu betrachten bzw. den Anderen hineinzunehmen. Das heißt, in einer inneren, wachen Fragestellung zu leben, die von Urteilen über die Wesen unserer Schicksalsreisegefährten und ihrer geistigen und irdischen Aufgaben frei ist. Die Beobachtung beginnt man besser mit Steinen, Pflanzen und Tieren. Dann kann man zur Beobachtung von Menschen fortschreiten und letztendlich zur Beobachtung des Selbst.

Im Beobachtungsprozess können wir zwischen drei Hauptstadien differenzieren: erstens die **Beschreibung** des Objektes vom Ganzen bis in die Details und zurück zum Ganzen; zweitens über die Frage, wie es «sich offenbart», was ist die **Qualität**, d.h. die **innere Geste** des Beobachtungsobjektes: Was «spricht» es? Und drittens schließlich das **Wesen** selbst. Die Geste gehört stets zu irgendeinem Wesen. Diese Beobachtung kann den Beobachter zum inneren wegweisenden Kern des Wesens führen.

In der Sphäre des gemeinsamen Lebens besteht die größte Herausforderung darin, das werdende Ich des Anderen erleben zu können. Betrachtung ist Läuterung. Sie setzt die Überwindung der subjektiven Triebe in der Seele des Beobachters voraus, um die Dinge selbst in seinem Inneren sprechen zu lassen.

Der andere Pol des Bewusstseinslebens ist das **Denken**. Im normalen Denkleben spalten wir uns in ein «Ich» und eine «Welt», in Subjekt und Objekt auf: Die Welt ist dort, ich bin hier. Diese Tendenz strahlt tief ins Seelenleben hinein und vertieft die Entfremdung des Menschen von der Welt. Das neue, von Steiner angesprochene Denken beginnt mit der

Umwendung des Blicks auf die Denktätigkeit selbst. Aktive Beobachtung des eigenen Denkens deckt das Denken als reine Ich-Tätigkeit auf, als ein sich selbst tragendes, sich selbst erschaffendes Wesen. Ich bin der Schöpfer meines Denkens, zugleich entdeckt sich jedoch genau jenes Denken als universelles Wesen an seinem Umkreispol. Jeder Begriff enthält die unendlich vielen anderen Begriffe.

Aber wenn ich das Unendliche denken kann, bin ich selbst unendlich, und insofern **bin «Ich» auch «Du»**.[93] Auf diese Art und Weise wird das umgewandelte Denken zur notwendigen Grundlage für die Auffassung des Anderen und hieraus auch für die Möglichkeit gemeinsamen Lebens in der Gegenwart – und sogar darüber hinaus in die Zukunft hinein. Der Mensch hat das trennende Element innerhalb des Denkens selbst zu durchbrechen. Jenes auf dem sinnlichen Element als Ausgangspunkt für seine forschende Tätigkeit basierende Denken schuf die Trennung als ein notwendiges Stadium bei der Entwicklung des Selbstbewusstseins des Menschen.

Die Fähigkeit, diesen Dualismus zu überwinden, hängt damit zusammen, dass wir unser Augenmerk von den begrifflichen Erzeugnissen des Denkens auf die ihm zugrunde liegende innere Tätigkeit richten. Damit wir sie später in die Schicksalssphäre des Willens hineinführen können, muss das Denken aktiv werden. Solches Denken kann dann den Menschen-Welten-Pendelschlag verfolgen. Eine Voraussetzung dafür, dass wir die Sachlage vom Standpunkt des Anderen aus betrachten können, ist die Entwicklung des musikalischen Bewegungselements im Denken. Nur dynamisches Denken kann erfahren, wie die Karma-Wirklichkeit der Menschheit sich aus dem Zusammenkommen entgegengesetzter Schicksalsströmungen herausbildet.

93 Friederich, Goelzer, Falter und Blüte (siehe Anm. 85), S. 46.

Die Sphäre des Willens

Wie in der Bewusstseinssphäre können wir in der Willenssphäre ebenfalls zwischen zwei Polen differenzieren. Der als **Handlung** verwirklichte Willenspol, der von uns als schöpferische Tätigkeit in die Welt hinausgeht; und der als **Schicksalsimpuls** lebende Willenspol, der oft so erlebt wird, dass er aus der Welt auf uns kommt und uns begegnet.

Die Tatsache, dass meine **Handlung** für den Anderen zu gleicher Zeit auch eine Verwirklichung meines eigenen Wesens im tiefsten Sinne ist, können wir in Anbetracht des oben Ausgeführten folgendermaßen verstehen: **Der Andere bin ich, darum erfolgt die Verwirklichung meines Wesens durch den Anderen.** Der Ausgangspunkt für ein fruchtbares gemeinsames Leben sowie für die Bildung einer Gemeinschaft auf spiritueller Basis hängt also mit der gemeinsamen Arbeit für den Anderen zusammen. Die Menschen werden sich durch die gemeinsame Aufgabe in der Welt begegnen.

Zwischen den beiden (d. h. Gemeinschaft) lebt ein Dritter – das «Kind», an das sich die schöpferische Tätigkeit wendet. Um aber seine Aufgabe in der Welt verwirklichen zu können, muss der Mensch den Weg der inneren Veränderung beschreiten. So werden die Früchte des inneren Weges zur Aufgabe in der Welt gelenkt, während die Erfahrungen bei der Arbeit des Menschen in der Welt in die innere Arbeit aufgenommen werden und sie befruchten.

Ein schönes Beispiel für ein solches Verhältnis zwischen der Entwicklung des Wesens und dessen schöpferischer Arbeit für die Entwicklung eines anderen Wesens gibt Steiner in seinem Buch «Die Geheimwissenschaft im Umriß». Wir sehen eine «Gemeinschaft» von Wesen, die für die Entwicklung des Menschen aus Opferbereitschaft handelt. Diese Wesen gewinnen dadurch die Möglichkeit, auf höhere Entwicklungsstufen hinaufzusteigen. Genau dieses Prinzip stand im Mittelpunkt der manichäischen Strömung: Im Rahmen der Aufnahmeprüfungen musste der Schüler einen hilfsbedürftigen Menschen tragen. Das heißt: Durch die Orientierung an der gemeinsamen, an der mit dem konkret Anderen zusammenhängenden Aufgabe werden die notwendigen Kräfte gefunden, um die Einseitigkeit in jedem Menschen zu überwinden. Der Andere, der Dritte, erlaubt uns, den beiden, zueinander zu finden.

Der zweite Pol des Willenslebens ist der **Schicksalsimpuls.** Die Arbeit in dieser Sphäre führt uns zu der Erforschung des Schicksals. Steiner sah die Schicksalsforschung als eine Voraussetzung an für die Möglichkeit der Menschen, aus dem Geist heraus zusammen zu leben und zu handeln. Die Freiheit und Verantwortung in der Willenssphäre hängen mit der Erweiterung des Bewusstseins zusammen: Der Mensch soll nach einer Klärung seiner Verhältnisse zu seinen Gefährten streben. Ein Überblick über Steiners Werk legt vier Grundphasen der Schicksalsfrage oder vier Gesichtspunkte auf sie nahe: **die Entwicklung der Menschheit als Ganzheit, die Entwicklung eigenständiger Strömungen, repräsentative Einzelne und die Frage des eigenen Schicksals.**

Die erste Phase ist ein umfassendes Studium aller gesamtmenschlichen, evolutionären und historischen Zusammenhänge, wie diese durch die Geisteswissenschaft dargestellt werden, z.B. in «Die Geheimwissenschaft im Umriß». Man lernt, sich selbst als Teil einer großen Entwicklungsbewegung zu erfahren, die über kosmische Phasen, Zeitalter und Kulturepochen führt. Eine Entwicklung also, die mit den biographischen Stadien eines einzelnen Menschen verglichen werden kann. Die Vertiefung in diese Entwicklungsprozesse erzeugt das Gefühl, dass alle Menschen einen gemeinsamen Ursprung und ein gemeinsames Ziel teilen.

Die zweite Phase ist ein dynamisch-monistisches Studium verschiedener Entwicklungsströmungen innerhalb der Menschheit. Dieses Studium zeigt, wie das Ganze des Welten-Menschen-Wesens sich in getrennte Entwicklungsströmungen aufteilte, die jeweils andere Aspekte des menschlichen Wesens betonen. So z.B. die beiden Strömungen, die Steiner für die grundlegendste Polarität in der Menschheit hält: Kain und Abel. Die Abel-Strömung betont den Umkreispol der strahlenden Bewusstseinstätigkeit, während die Kain-Strömung den Mittelpunktpol der Willenssphäre hervorhebt. Die Strömung von Abel verliert gewissermaßen die Verbindung zum Mittelpunkt (der Opferrauch von Abel, dem Hirten, steigt auf) und Kains Strömung verliert den Kontakt zum Umkreis (so geht Kains Opferrauch nach unten).[94] Ohne Gegensätzlichkeit ist eigentlich keine Entwicklung möglich (in demselben Zusammenhang: «Es ist nicht gut, daß der Mensch allein sei; ich will ihm eine Gehilfin machen, die um ihn sei.»[95]). Jedes der Strömungspaare – Kain-Abel, Nord-Süd, apollinisch-dionysisch, platonisch-aristotelisch usw. – bringt auf einer jeweils anderen Wesensachse eine Gegensätzlichkeit zum Ausdruck. Die Konflikte zwischen den Strömungen werden über das Karma in die soziale Sphäre erhoben und können nur durch Studium und bewusste Arbeit umgewandelt werden. Die große Schwierigkeit in diesem Zusammenhang besteht darin, den erfahrungsgemäßen Ausgangspunkt des Anderen innerlich zu erleben. Eines der Charakteristika des Schwellenübergangs, den die heutige Menschheit erfährt, ist der Versuch der verschiedenen Strömungen, durch die Geisteswissenschaft zusammenzukommen, um an der zukünftigen Entwicklung der Menschheit zusammenzuarbeiten. Das Studium der verschiedenen Strömungen bildet somit eine Voraussetzung für diese Zusammenarbeit.

Die dritte Phase auf dem Weg der Schicksalsfrage ist das Studium der Lebensläufe und Schicksalsreisen repräsentativer Einzelner. Die kosmischen und gesamtmenschlichen Prozesse gehen für die Menschheit durch die Handlungen und das jeweils individuelle Leben jener Lehrer bzw. führenden Indi-

---

94 Vgl. Gen. 4:2.
95 Vgl. Gen. 2:18.

viduen in Erfüllung. Durch ihr Handeln treten neue Entwicklungstriebe in Erscheinung und dringen in die menschliche Kultur ein. Durch das persönliche und zwischenmenschliche Schicksalsdrama jener Individuen wächst die Kultur. In diesem Sinne bedeutet Karma ein Gewebe individueller Schicksalsfäden. Durch die anthroposophische Karmaforschung können wir unseren Blick von der einzelnen Person, wie sie also in einer spezifischen Verkörperung erscheint, eher auf das individuelle Wesen richten, das hinter den einzelnen Verkörperungen steht. So könnte man beginnen, auf seiner Entwicklungsreise durch die verschiedenen Epochen diesen Wesenskern abzuspüren. Der Mensch gelangt zu einem Schicksalsverständnis durch die Schicksale anderer Menschen.

Die vierte und letzte Phase durchquert die drei vorherigen Phasen und richtet die Frage an das forschende Ich selbst: Wo stehe ich innerhalb dieses Geschehens? Wie hängen diese Sachverhalte mit mir zusammen? Es taucht die Frage auf, zu welcher Strömung bzw. welchen Strömungen man gehört. (Die gestaltende Einflussnahme der verschiedenen Strömungen im Entwicklungsstrom des individuellen Schicksals lässt sich mit einer Figur vergleichen, die in mehreren Schichten bemalt ist.) An dieser Stelle wird die Geschichte konkret und individuell; die Geschichte der Menschheit erweist sich als die eigene Biographie. Man lernt sich selbst vom Umkreis her kennen. Darum sollte man diese Fragen auch, vielleicht sogar in erster Linie, in Bezug auf den eigenen engen Personenkreis stellen: Wer sind die Partner? Jetzt, wo die Frage ganz individuell geworden ist, wendet sich unser Blick aufgrund ebendieser Fragestellung auf die Welt zurück.

Die Sphäre der Mitte

Bisher haben wir uns die Initiationsprozesse der beiden Pole angeschaut, das **Bewusstsein** und den **Willen.** Nun können wir uns direkt an die dazwischen liegende Mitte wenden, die die

Sphäre des Herzens bildet, d.h. das Erlebnis oder der Ort, an dem die Veränderungs- und Umwandlungsprozesse stattfinden. Die Herzenssphäre ist die Mitte zwischen den Polen und von Natur aus ist sie auch die **Sphäre des Gesprächs:** Das Gespräch mit dem anderen Menschen, mit der Natur, mit dem Geist. Das innere Gespräch als Meditation und Gebet wird hier zum Gespräch mit dem Anderen. Dieses Gespräch kann, sagt Steiner, in unserer Zeit zum Wesen Christi geführt werden, der durch die «Wiederkunft im Ätherischen» zum lebenden Mittelpunkt des dialogischen Welten-Menschen-Pulsschlags wird. Wir sollen «wie die Kinder werden», um ins Himmelreich des «Ich bin» kommen zu können. Das Geheimnis des Herzens ist die Einfalt, doch gerade diese Einfalt verlangt vom heutigen Menschen, immer wieder Ohnmachtsschwellen zu überschreiten. Die Bereitwilligkeit, die Schwelle des teilenden Bewusstseins zu überschreiten und sich das eigene Schattenwesen anzuschauen, öffnet für uns das Tor für ein Gespräch mit dem Geist. Das innere Gespräch mit dem Geist wird zum Ausgangspunkt sowohl für die beobachtend-denkende Tätigkeit als auch für das umwandelnde Handeln, das von der Schicksalserkenntnis beleuchtet wird. Sowohl die Forschung als auch das Handeln sind in ihrer inneren Grundlage ein Gespräch.

Natur, Kunst, Wort

1. Durch die Kunst zur Natur

Die Veränderung der Naturvorstellung

In den 1950er und 1960er Jahren zeigte sich eine große Welle von Bewusstseinsveränderung als unmittelbarer Ausdruck des Geschehens des Schwellenübergangs. Unter anderem zeichnet sich diese Welle durch eine Veränderung in der Beziehung zur Natur aus. Die ökologische Frage wird erstmals Teil des allgemeinen kulturellen Diskurses. Bill McKibbens Buch *Das Ende der Natur*[96] beschreibt das Überschreiten einer Linie im menschlichen Verhältnis zur Natur, sodass eine Art Umkehrung entsteht: Wurde früher die Natur als eine lebensreiche Quelle verstanden, die den Menschen trägt und ernährt, ist aufgrund fortschreitender, auf den Beginn der Industrialisierung zurückgehender Zerstörungsprozesse der heutige Mensch gezwungen, Verantwortung für die Natur auf sich zu nehmen. Jene Natur, die in früheren Epochen als eine Art große Mutter und als Quelle unendlicher Fülle erfahren wurde, existiert nicht mehr.[97]

Das «Ende der Natur» ist der Augenblick, an dem die Natur aufhört, eigenständig zu existieren, d.h. nicht mehr «natürlich» ist. Ab diesem Augenblick trägt der Mensch die Verantwortung für die Existenz der Natur. Wir sind Zeugen weitreichender Veränderungen in der Natur: Luftverschmutzung, Erderwärmung, Waldsterben, Wüstenausbreitung, Artensterben usw. Es geht hier um globale Fragestellungen, die weit über lokale Umweltverschmutzungen und -zerstörungen hinausgehen. «Das Ende der Natur» bedeutet das Ende vom «natürlichen» Begriff der Natur.

96 Bill McKibben: Das Ende der Natur, München 1992.

97 Vgl. in diesem Zusammenhang: Rachel Carson, Der stumme Frühling, 1962. Carson spricht bereits in den 1950er Jahren in Umweltbegriffen, aber ihre Beschreibung war damals noch auf die lokale Ebene beschränkt.

Um diese Betrachtung einen Schritt weiterzuführen, kann man sich die Frage stellen, wie denn der Mensch die Natur vor dem Kali-Yuga erfahren und begriffen hatte. Was für ein Bild und was für eine Erfahrung der Natur entstanden in den darauffolgenden Jahrhunderten und Jahrtausenden vor dem Hintergrund des allmählichen Abstiegs des menschlichen Bewusstseins auf die Erde? Und was ist das Neue in diesem Zusammenhang, das durch den Schwellenübertritt in unsere Zeit kommen muss? Zwar können Umweltaktivismus, «Tiefen-» bzw. «radikale» Ökologie wichtige Widerstände gegen eine weitere Umweltzerstörung bilden; aber nur ein grundlegend neu errungenes Verhältnis, eine neue, auf geistigem Bewusstsein basierende Beziehung zur Natur könnte eine bedeutende, wesentliche Veränderung herbeiführen. Wie können wir also eine erneute Beziehung zur Natur aufbauen, eine Beziehung, die auf einer erneuten Verbindung zum Geistigen beruht, das der Natur zugrunde liegt?

Die aus den alten Mythen hervorgehenden Bilder können uns eine Grundlage liefern, auf der wir das Verhältnis zur Natur in der weit zurückliegenden Vergangenheit der Menschheit verstehen können. Das aus dem Mythenbewusstsein sprechende Zeugnis weist darauf hin, dass der Mensch die Natur als göttliches Sein begriff. So etwa im Buch Genesis, wo die sichtbare Welt, die äußere Realität mit ihren verschiedenen Naturreichen aus der Gottheit erschaffen werden: «Am Anfang schuf Gott Himmel und Erde»; danach wurden Tag und Nacht voneinander getrennt, das obere Wasser vom unteren; daraufhin wurden das Pflanzenreich und das Tierreich erschaffen und letztendlich der Mensch.

Die griechische Mythologie fügt einen weiteren Aspekt hinzu: Die Natur wurde nicht nur aus der Gottheit geboren, sondern wimmelt vor Göttlichkeit und ist ein unmittelbarer, andauernder Ausdruck ihrer Wesenstätigkeit. Im Mythos von Demeter und Persephone geht dies bereits aus dem Namen «**Demeter**» (Mutter) hervor. Aus ihr entsteht später die **Mate-**

rie.[98] Im Mythos gibt es eine große Mutter, die mit der Natur identisch ist, während ihre Tochter Persephone die Bilder der Sinne webt, den Bilderteppich. Persephone ist das in die Sichtbarkeit der Natur bringende Wesen. So wird aus dem schöpferischen, lebensspendenden Sein das sichtbare Sein geboren.

Das mythische Bild von Demeter und Persephone zeugt von der Art und Weise, in der die Griechen die Natur erfuhren: als das Wesen einer großen Mutter. Die Tochter jener Mutter, Persephone, wird vom Gott Hades in die Unterwelt entführt und über Umwege kommt der Mythos schließlich zu seiner Auflösung: Persephone muss das halbe Jahr mit Hades in der Unterwelt und die andere Hälfte mit ihrer Mutter auf der Erde leben. Aus dieser zyklischen Bewegung entstehen einerseits Herbst und Winter, andererseits Frühling und Sommer. So gesehen spiegelt sich im Mythos ein mythisches Bewusstsein wider, das vor dem Schwellenübergang liegt: Diese auf das antike Einweihungsbewusstsein zurückgehenden Bilder erzählen von Bewusstseinszuständen, in denen der griechische Mensch den Zyklus der Natur noch als Wesensgeschehen erfuhr. Im Mysterium von Eleusis stellten die Priester diese Bilder theatralisch wie in einem Drama dar. Das Theater als äußeres Kulturphänomen entsprang dem Mysterium von Eleusis, das das Drama von der Entführung von Persephone und deren Rückführung erzählt. Hinter dem Bild steckt eine Wesenserfahrung der Natur, an der der Mensch teilhaben soll. Die Feierlichkeitsriten des antiken Griechenlandes stellten eine rituelle Vergegenwärtigung der Handlungen der Götter in der Natur dar.

In den alten Zeiten gab es jedoch einen weiteren Weg, der mit der Sphäre des Willens verknüpft ist. In der alten persischen Kultur nahm der Mensch aktiv am Schöpfungsakt teil, und zwar durch die Landwirtschaft: Wenn der Mensch im

98 Das bedeutet, dass der Materialismus letztendlich in scheinbar paradoxer Weise von «Mutter» abgeleitet wird.

alten Persien ein Weizenkorn in die Erde legte, hatte er das Gefühl, dass er ein Sonnenkorn in die Erde legt. Und wenn der Weizen wuchs und geerntet und zu Brot gebacken wurde, schloss der Mensch damit den großen Naturzyklus ab, und zwar so, dass er an der göttlichen Einheit teilnahm und den Willen des Sonnengottes Ahura Mazda erfüllte, folglich eine religiöse Handlung, die zugleich eine äußerlich-irdische darstellte; und umgekehrt: eine irdische Handlung, die zugleich eine religiöse Handlung darstellte.

Aber mit dem Verlust der unmittelbaren Beziehung zum Geist in den darauffolgenden Epochen gestaltet sich auch die Beziehung zur Natur neu. Dieser Veräußerlichungsprozess erreichte in den letzten Jahrhunderten seinen Höhepunkt: Das Verhältnis zur Natur entwickelte sich, in Bezug auf das Bewusstsein, ausschließlich auf Grundlage der sinnlichen Beobachtung. Die sinnliche Beobachtung ist nun zur Grundlage für die forschende Denktätigkeit sowie für die Entstehung der Naturwissenschaften in den letzten Jahrhunderten geworden. Noch bis in das späte Mittelalter wirkte die Auffassung nach, dass Materie eine göttliche Qualität in sich berge; für das neue Bewusstsein stellt Materie eine Kombination von Atomen dar. Im alten Ägypten barg das Gold eine göttliche Sonnenqualität in sich; heute ist es hingegen nichts mehr als eine molekulare Struktur.

Dieser Prozess hat weitreichende Auswirkungen auf die Willenssphäre. Der menschliche Wille ist nämlich nicht mehr dem göttlichen Element in der Materie unterworfen und braucht darauf keine Rücksicht mehr zu nehmen. Er kann also alles mit der Materie machen, was ihm einfällt. Es entsteht hier ein befreiender und dennoch Zerstörungspotenzial enthaltender Impuls mit weitreichenden Auswirkungen auf die Erfahrung und das Bewusstsein. Die Natur, die dem Menschen von Gott «ausgeliehen», die dem Menschen zur Kultivierung übergegeben wurde, wird zur materiellen Ressource. Diese Auffassung breitet sich aus und vertieft sich mit der Entwicklung der

Bewusstseinsseele. Zu ihrer deutlichsten Ausprägung gelangt sie mit der wissenschaftlichen Revolution ab dem 17. Jahrhundert. Die Materie wird als ein Phänomen aufgefasst, das in ausschließlich physikalischen und chemischen Begriffen formuliert werden kann. Diese Prozesse beschleunigen die Entwicklung des Denkens sowie der Technik. Es entsteht eine breiträumige Infrastruktur für die unmittelbare Erforschung der Materie; diese Forschung hat die alten, den heiligen Schriften entspringenden Prämissen hinter sich gelassen und stützt sich nunmehr auf die Herausarbeitung von Regeln und Gesetzen anhand der sinnlichen Beobachtung und des mit ihr zusammenhängenden Intellekts. Die ihres göttlichen Elements beraubte Materie wird nun als frei von jedwedem moralischen Wert erfahren.

Aus diesen bewusstseins- und willensmäßigen Befreiungsprozessen resultiert in den letzten Jahrhunderten eine Beschleunigung der technischen Entwicklung. Der technische Raum wird zum Ort des Erwachens der Bewusstseinsseele für die Menschheit. Erst durch die Begegnung mit der Materie in deren toter, herausgearbeiteter, grenzziehender Gestalt kann der Mensch zu seinem Ich-Bewusstsein in der Bewusstseinsseele erwachen. Gegenüber dem Anderssein der Materie kann der Mensch zu sich selbst «Ich» sagen.

Auch die monotheistische Auffassung, die den Westen erreichte, spielte eine wichtige Rolle bei der Entstehung der neuen Naturwissenschaften.[99] Gemäß dieser Auffassung blieb Gott nach Abschluss des Schöpfungswerkes gewissermaßen außen vor. Der Ursprung der Schöpfung ist zwar göttlich, aber die Schöpfung existiert an und für sich und ist aus ihren eigenen Gesetzen heraus tätig. Während die heidnische,

99 Der arabische Wissenschaftsimpuls, der über die Eroberung der iberischen Halbinsel nach Europa gelangt, hat eine zentrale Funktion in der Entstehung des wissenschaftlichen Modus Europas in der Epoche der Bewusstseinsseele. Siehe Rudolf Steiner, Die okkulten Wahrheiten der Mythen und Sagen, GA 92, Dornach 1999, S. 18.

polytheistische Auffassung die Natur noch als eine lebendige Tätigkeit der Göttlichkeit begreift, lässt die monotheistische Einheit Gottes die Göttlichkeit als abstraktes Sein außerhalb des Schöpfungswerkes zurück. Auf diese Art und Weise entsteht ein Freiheitsraum, der ein fundamental neues Denken über die Materie ermöglicht. Darin besteht der große Beitrag des Monotheismus in der Entwicklung der Wissenschaften. Der nächste Schritt, der sich unmittelbar aus der Teilung von Göttlichkeit und Materie ergibt, ist der Atheismus: eine irdische, materielle, gott- und göttlichkeitslose Welt. Der letzte Faden, der den Menschen mit dem göttlichen Ganzen noch verbunden hat, löst sich in den Jahrzehnten vor dem Ende des Kali-Yuga. Das Kali-Yuga erreicht also einen entscheidenden Höhepunkt gegen sein Ende hin.[100]

Parallel dazu und vor dem Hintergrund jener technischen Wissenschaftsauffassung entsteht eine entgegengesetzte Tendenz einer romantischen Rückkehr zur Natur. Diese Tendenz hallt bis heute noch nach. In «Die Geheimwissenschaft im Umriß» beschreibt Steiner, wie sich im Laufe der ersten Jahrhunderte des Zeitalters der Bewusstseinsseele zwei Auffassungen entwickeln, die zu keiner Synthese gelangen können. Die eine ist **die erweckende Auffassung der Naturwissenschaften.** Durch diese Auffassung erwacht ein klares, fokussiertes Bewusstsein, das vornehmlich auf die äußere Welt gerichtet wird. Im Rahmen der zweiten Auffassung behält der Mensch noch jenen Faden, der ihn noch über das **Fühlen** und **Empfinden** mit der Sphäre des Geistes verbindet, nämlich durch den

100 In diesem Zusammenhang ist hervorzuheben, dass der Geist anhand der naturwissenschaftlichen Prämissen eigentlich nicht ausgeschlossen werden kann. Denn dem, was ich nicht begreifen kann, kann ich keine Existenz absprechen. Aber durch den großen Zug der letzten Jahrhunderte und die allmähliche Annäherung an die Materie ist eine Seelenhaltung entstanden, die sich als Weltanschauung formuliert: «Was ich nicht durch die Sinne begreifen kann, existiert nicht.» Das ist die Grundlage des theoretischen Materialismus des 19. Jahrhunderts.

Glauben.[101] Diese Tendenz zeigt sich auch im Verhältnis des Menschen zur Natur.

Die Romantik erwacht am Ende des 18. Jahrhunderts als eine Art Gegenbewegung zu den sich bereits damals manifestierenden Industrialisierungsprozessen sowie zum intellektuellen Denken der Aufklärung. In der Dichtung kommt diese Tendenz im Werk des jungen Goethe und Schiller, der Dichter des «Sturm und Drang» zum Ausdruck, später in der Poesie der Dichter der zweiten romantischen Generation wie Novalis und Hölderlin in Deutschland oder Blake, Wordsworth und Coleridge in England. Diese Dichter schreiben Dichtung, die nach einer symbiotischen Naturerfahrung sucht. Diese Suche hallt später auch in der amerikanischen Kultur, etwa in der Dichtung von Walt Whitman und dem Denken Ralph Waldo Emersons wider. Diese romantische Bewegung zurück zur Natur muss vor dem Hintergrund der beschriebenen Veräußerlichungstendenzen verstanden werden. Diese Dichter fühlen im Innersten ihres Wesens den neuen, bevorstehenden Impuls, aber noch können sie in dieser Zeit vor dem Schwellenübertritt keine adäquate Sprache finden. Jedoch um Ausgleich bemüht, stemmen sie sich gegen diese immer mächtiger werdende Veräußerlichung.

Wir haben es hier also mit der Entwicklung einer dualen Auffassung der Natur zu tun: Einerseits mit einer materialistischen Tendenz, die die Natur in Begriffen abstrakten quantitativen Denkens begreift. Diese quantitative Auffassung der Natur macht sie vom Wesen zur Ressource. Auf der anderen Seite sehen wir eine Rückkehrtendenz, einen Versuch, zu einer verlorenen Einheit zurückzukehren, als eine Art romantischen Widerstand gegen jenen Verlust.

---

101 Steiner, Die Geheimwissenschaft im Umriß (siehe Anm. 11), S. 297.

«Geist-Erinnern» an die Natur

Wir können das Verhältnis des Menschen zur Natur in drei Phasen aufteilen. In der frühen Phase, die mancherorts auch bis in spätere Epochen andauerte, konnten die Menschen durch die Mysterienerfahrung sehr starke Naturerfahrungen haben. Sie konnten an den geistigen und kosmischen Prozessen der Natur miterlebend teilnehmen. In diesem Zusammenhang sind vornehmlich die nördlichen Mysterien gemeint, die im keltischen Raum und in Nordeuropa entstanden. Die Bauten von Stonehenge sind Überbleibsel jener Mysterien. Die Natur wird nicht nur als Naturphänomen erlebt, sondern als Ausdruck der Tätigkeit hierarchischer Wesen. Diese Erfahrung ebbte ab und die Menschen verloren langsam die unmittelbare Verbindung zum geistigen Element der Natur. Vom Gesichtspunkt der menschlichen Erfahrung aus wurde die Schöpfung zur Materie. Dies ist die zweite Stufe.

Die Frage nach der dritten Stufe ist, wie erneut eine Naturerfahrung herbeigeführt werden kann, die sich nicht mehr auf die Natur als Gegebenes stützt, sondern aus dem wachen Zustand geboren wird, den das menschliche Bewusstsein in der Epoche der Bewusstseinsseele erreicht hat. Der Mensch soll die lebendige Empfindung des geistigen Elementes in der Natur aufs Neue in sich erwecken, diesmal über den Umweg des Denkens. Hierin besteht die Aufgabe der Geisteswissenschaft. Eine wiederbelebte Empfindung kann durch sie zu einer neuen Naturerfahrung werden.[102] Steiner führt zu einer Art «Geist-Erinnern» der alten Naturerfahrungen als Grundlage für das Erwachen in der Gegenwart. Derartige Beschreibungen vergangener Erfahrungen, die die moderne übersinnliche

102 In diesem Zusammenhang sind unter anderem Steiners Vorträge zum Jahreskreislauf (GA 223) und zu den Imaginationen des Jahreslaufs (GA 229) sowie der «Seelenkalender» zu erwähnen, die zu einer bewussten Neugestaltung der Feiertage aus der universellen Erfahrung des Pulses des Jahreszyklus führen können.

Forschung liefert, können den Blick auf die neuen Möglichkeiten unserer Zeit richten vor allem im Zusammenhang des Jahreszyklus:

> Sie wissen alle, daß wir im Frühling anders empfinden können als im Herbst. [...] Es wird eine gesunde Seele anders empfinden, wenn im Frühling die Knospen an den Bäumen hervorsprießen und uns sozusagen das Versprechen geben von der Schönheit und Herrlichkeit des Sommers. Es ist etwas, was sich in unsere Seele gießt von aufwachender Hoffnung, wenn wir den Frühling herankommen sehen. Es ist dieses Gefühl schwach entwickelt bei dem gewöhnlichen normalen Menschen, aber es ist doch vorhanden. Und wenn wir dann dem Herbst zuleben, dann kann dieses Gefühl, das im Frühling da ist als Hoffnung für den Sommer, das wie ein Erwachen der Seele sich ausnimmt, sich verwandeln in ein Wehmutsgefühl, wenn wir die Bäume sich entlauben sehen, wenn wir sehen, wie an die Stelle von Bäumen und Blumen, die uns den Sommer hindurch einen wunderbaren Anblick gezeigt haben, immer mehr kahle Sträucher, besenartige Gebilde treten. Da verwandelt sich unser Seelenleben; es wird durchzogen von dem, was wir nennen können Wehmut des Herzens. Also wir können im Verlaufe des Jahres, wenn wir mitgehen mit den Erscheinungen des äußeren Lebens, einen Kreislauf der Seele im Jahr durchmachen.[103]

Wir können die Naturveränderungen im Laufe des Jahres innerlich mitverfolgen, die veränderten Verhältnisse von Licht und Dunkelheit, Wärme und Kälte sowie Wachstum und Welken in der Pflanzenwelt wahrnehmen. Dieses Gefühl der Teilnahme an den Naturprozessen lässt sich auf dem Weg der inneren Übung vertiefen. Der Schüler in den nördlichen Mysterien konnte erleben, wie seine Seele in die Naturerfahrungen «hinausgegossen» wird. Er erlebte in immenser Intensität, was als geistige Wesenstätigkeit im Zyklus der Jahreszeiten lebt. Er musste sich selbst ganz vergessen und sich so tief den

---

103 Rudolf Steiner, Makrokosmos und Mikrokosmos, GA 119, Vortrag vom 21.3.1910, Dornach 1988, S. 97.

Naturprozessen hingeben, wie wir es uns in unserer Zeit kaum vorstellen können:

> Wenn er sich da ganz hineinzuversetzen vermag, sich selbst zu vergessen vermag und mit der Frühlingsnatur mitzuerleben vermag, dann wird dieses Erleben gegen den Sommer hin etwas ganz Besonderes. Es wird von der erwachenden Hoffnung im Frühling zu einem völligen inneren Aufjauchzen im Sommer. [...] Und wiederum, wenn der Mensch soweit ist, daß er in Selbstvergessenheit, ins höchste gesteigert, die Wehmut des Herbstes zu erleben gelernt hat, dann kann er auch fähig werden, die Steigerung des Gefühls zu erleben von der Wehmut des Herbstes bis zum Mitempfinden des Todes der ganzen Natur in der Wintermitte. So wurden unter anderem erzogen diejenigen Schüler, welche mitgemacht haben den Empfindungsunterricht in den alten nordischen Mysterien, die heute der Außenwelt schon nur mehr der Tradition nach, nur äußerlich bekannt sind.[104]

Jene Schüler hatten also ein intensiviertes Gefühl der Hoffnung und Wiederbelebung im Frühling bis in den Sommer hinein und ein intensiviertes Gefühl von Tod und Welken im Herbst bis in den Winter hinein. Sie mussten es so sehr intensivieren, wie es der heutige Mensch gefühlsmäßig gar nicht ertragen könnte. Sie hatten sich gänzlich an jenen geistigen Wesensprozessen zu beteiligen, die in der Natur als Erneuerung und Tod wirken, und diese Erfahrung wurde in ihnen zu einer Art Durchblick durch die Materie:

> Dann aber, wenn so etwas durchgemacht worden war, zeigte sich in der Tat für diejenigen Menschen, die so ihre inneren Seelenerlebnisse gesteigert hatten, etwas sehr Eigentümliches. Sie erlangten eine bestimmte Fähigkeit. [...] – so sonderbar das auch klingt, – sie erlangten die Fähigkeit, die Materie zu durchschauen, das heißt, sie konnten nicht bloß das sehen, was man als Oberfläche wahrnimmt, sondern sie konnten durch diese hindurchschauen,

104 Ebd., S. 98.

> vor allen Dingen vermochten sie in der Zeit von Sonnenuntergang bis Sonnenaufgang durch unsere Erde hindurchzuschauen, und durch die durchsichtige Erde hindurch erglänzte ihnen lebendig die Sonne. Das nannte man in den alten Mysterien das Schauen der Sonne um Mitternacht.[105]

Das war der Höhepunkt der Erfahrung in jenen nördlichen Mysterien. Für das Bewusstsein verlor die Materie ihre Materialität und der Wesensaspekt erschien. Inmitten des Winters, am Höhepunkt der Intensität des Todeserlebnisses zog sich die Materialität der Erde zurück und die Menschen waren imstande, die Sonne in ihrem wesenhaften Sein, d. h. in ihrer ganzen Pracht als «Sonne um Mitternacht» wahrzunehmen.

Der Bilderüberfluss der zeitgenössischen Kultur hat uns tatsächlich betäubt. Diese Betäubung drängt uns unaufhörlich dazu, die Intensität unserer Erlebnisse durch «extreme» Erfahrungen zu steigern, die wiederum zu einer noch stärkeren Betäubung führen. Dies zeigt sich im Bereich der Lebensmittel (Geschmacksintensivierung), der digitalen Kommunikation (Intensivierung von Botschaften und der Konsumweise) und der Musik (Lautstärke und Betonung des Taktes). Die Betäubung der Seele führt zu einer stetigen Erhöhung der Reizintensivität. Demgegenüber basierte die Mysterien-Übung auf Verfeinerung und Vertiefung der Beobachtung. Der Schüler übte die Differenzierung feinster Gemütszustände, sodass seine Seele sich für die schöpfende, in den Tiefen der Natur wirkende Wirklichkeit öffnete. Es ging also nicht um die Erhöhung der Intensität, sondern um die Verfeinerung der Empfindsamkeit und die Vertiefung der Innerlichkeit.

---

105 Ebd., S. 99.

Die Entzauberung

Es besteht kein Zweifel daran, dass Goethe derjenige ist, der einen neuen Weg der Naturerfahrung in der Epoche der Bewusstseinsseele bahnte. Sich als Ich klar erlebend tief versunken in die Betrachtung der Phänomene der Welt sprachen sich Goethe die Geheimnisse der Natur aus. Er verstand, dass «die geistige Natur es selbst ist, die sich in dem Menschen ein Organ geschaffen hat, durch das sie ihre Geheimnisse offenbar werden läßt. Es spricht gar nicht der Mensch über die Natur; sondern die Natur spricht im Menschen über sich selbst.»[106] In diesem Sinne verfasste Steiner sein meditativ-poetisches Werk «Seelenkalender». Dieses von Steiner auch als «kosmische Lyrik» beschriebene Werk verweist die Seele des Menschen auf eine meditative Betrachtung der Natur im Laufe des Jahres. So soll das, was sich dabei der Seele zeigt, auf sie wirken. Durch diese Erfahrung kann die Seele sich «selber erst richtig finden. [...] Sie wird dadurch erst gewahr werden, welche zarte, aber bedeutungsvolle Verbindungsfäden bestehen zwischen sich und der Welt, in die sie hineingeboren ist.»[107] Daraus ergeben sich im Verhältnis zwischen Mensch und Natur zwei entgegengesetzte Erfahrungsrichtungen: In der einen spricht die Natur innerhalb des Menschen und gibt ihm in seiner Innerlichkeit ihre Geheimnisse preis. In der anderen entdeckt der Mensch sich selbst durch die Begegnung mit der Natur. Diese beiden polaren Grundrichtungen, die zusammen eine große Pendelbewegung bilden, erscheinen im Spiegelbildverhältnis des dritten sowie des fünfzigsten Spruches des «Seelenkalenders»:

Es spricht zum Weltenall,
Sich selbst vergessend

106 Steiner, Die Rätsel der Philosophie (siehe Anm. 16), S. 163.

107 Rudolf Steiner, Seelenkalender, Vorwort zur zweiten Auflage, Dornach 1994.

Und seines Urstands eingedenk,
Des Menschen wachsend Ich:
In dir, befreiend mich
Aus meiner Eigenheiten Fessel,
Ergründe ich mein echtes Wesen.[108]

In diesem, dem dritten Vers, der am Anfang des Frühlings steht, können wir sehen, wie «des Menschen wachsend Ich», das inmitten des Winters geboren und über die kalten Monate allmählich gewachsen ist, nunmehr auf seinen Anderen angewiesen ist, das «Weltenall», um sein eigenes Wesen aufzudecken. Erst durch die Befreiung von «meiner Eigenheiten Fessel», von seinem Selbst und durch seine Hingabe an die Natur, die sich jetzt in ihrer ganzen Fülle zeigt, kann das Ich sich selbst entdecken. Das Ich als «Geisteskind»[109], das in der Dunkelheit des Winters «im Seelenschoß»[110] geboren ist, kann sein wahres Wesen erst durch die Begegnung mit seinem eigenen universellen Umkreiswesen begreifen. Durch die Hingabe an die Naturerfahrung findet die Seele sich selbst. In dem Spiegelbildspruch sehen wir die umgekehrte Geste:

Es spricht zum Menschen-Ich,
Sich machtvoll offenbarend
Und seines Wesens Kräfte lösend,
Des Weltendaseins Werdelust:
In dich mein Leben tragend
Aus seinem Zauberbanne
Erreiche ich mein wahres Ziel.[111]

Hier spricht «Des Weltendaseins Werdelust», eine Art Persephone-Wesen, das nach den Monaten der Gefangenschaft im

108 Ebd., 3. Spruch.
109 Ebd., 38. Spruch.
110 Ebd., 38. Spruch.
111 Ebd., 50. Spruch.

Schoße des Hades, im Frühling, wiedererwacht. Das große, mit diesem Vers verknüpfte Rätsel ist, warum jene «Werdelust», die sich nun auf ihrem Höhepunkt befindet, «sich machtvoll offenbarend / und seines Wesens Kräfte lösend», gerade jetzt des Menschen bedarf. Die Antwort liegt darin, was sie dem Menschen sagt: «In dich mein Leben tragend / Aus seinem Zauberbanne / Erreiche ich mein wahres Ziel.» Das heißt: Die «Werdelust», das heißt die Natur, dieses scheinbar ganz in sich selbst geschlossene Wesen, bedarf des Menschen, um sein wahres Ziel zu erreichen. Der Mensch wird dazu aufgerufen, den Dualismus des Denkens zu überwinden und zu begreifen, dass er der Natur, wenn er sie betrachtet, eine Möglichkeit bietet, die die Natur nicht von sich aus haben kann.

Dieses Kapitel hat mit einem Hinweis auf *Das Ende der Natur* begonnen und sich unter anderem mit den schwerwiegenden ökologischen Verletzungen der letzten Jahrzehnte befasst, die in der Verantwortung des Menschen allein liegen. Die Natur braucht heute den Menschen in einem ganz konkreten, praktischen Sinne. Wie oben beschrieben, stellt dies eine dramatische, mit dem Schwellenübergang unserer Zeit zusammenhängende Umkehrung des Verhältnisses von Mensch und Natur dar. Die Bedeutung des «Endes der Natur» besteht darin, dass die Natur für ihren Fortbestand auf den Menschen angewiesen ist. In Steiners Spruch sagt die Natur als Wesen dem Menschen Ähnliches, diesmal allerdings von einem ganz inneren Gesichtspunkt aus. Es handelt sich um eine Art Erlösung aus dem Zauberbanne, die nur durch den Menschen möglich ist. Was jedoch ist der Zauber? Wie kann der Mensch der Natur helfen, sich zu entzaubern? Das Wort «Zauber» ist der Welt der Märchen und Mythen entnommen. Meistens erscheint der Zauber als die Verwandlung eines Menschen in ein Tier (der Prinz wird ein Frosch), eine Pflanze oder einen Stein. Das heißt, der Zauber erscheint als eine Herabsetzung auf eine niederere Wesenstufe. Auf dieses Rätsel können die folgenden Worte Steiners aus seinem Vortrag über die Kunst Licht werfen:

> Die Natur ist so, daß sie eigentlich in jedem Stück anstrebt, [...] etwas ganz, ganz anderes zu werden, als dasjenige ist, als welches sie sich einem sinnlich darstellt [...] Das ist es, weshalb [...] die Natur uns so zauberhaft, so geheimnisvoll anmutet, weil sie eigentlich in jedem ihrer Stücke immer mehr, unendlich viel mehr will, als sie bieten kann, weil sie dasjenige, was sie gliedert, was sie organisiert, so zusammensetzt, daß ein höheres Leben untergeordnete Leben verschlingt und sie nur bis zu einem gewissen Grade zur Ausbildung kommen läßt [...] dieser durch die ganze Natur gehende Zauber dasjenige ist, was [...] den Menschen anregt, über die Natur hinaus zu gehen, irgendwo einzusetzen, ein Besonderes einem Ganzen zu entnehmen, und von da ausstrahlen zu lassen dasjenige, was die Natur in einem Stück will, was zu einem Ganzen werden kann, was aber in der Natur selber nicht ein Ganzes ist [...] Und, wenn auch heute noch etwas elementar, tritt auf der andern Seite einem wirklich die Auflösung desjenigen entgegen, was sonst in der Natur vereinigt ist, ja die Auflösung, und dann wiederum eine Zusammenfügung, die Nachbildung des natürlichen Prozesses.[112]

Der Zauber innerhalb der Natur hängt damit zusammen, dass hohe Lebensformen über niedere herrschen. Keines der einzelnen Wesen in der Natur kann sich selbst ganz erfüllen. Jede einzelne Pflanze ist den Boden- und Lichtbedingungen unterworfen, die an ihrem Ort herrschen. Ferner ist sie durch andere Pflanzen begrenzt, die neben ihr wachsen. Die Natur ist als Ganzes aufgebaut, in dem jedes Wesen sich einem anderen unterwirft. Der Zauber der Natur besteht darin, dass jedes Wesen, sofern es den Gesetzen der Endlichkeit unterworfen ist, sich selbst nicht ganz erfüllen kann. In einem unendlichen Geistessein kann das Wesen ganz es selbst sein, da es nicht den

---

112 Rudolf Steiner, Kunst und Kunsterkenntnis. Grundlagen einer neuen Ästhetik, GA 271, Vortrag vom 15.2.1918, Dornach 1985, S. 90–94.

Einschränkungen von Zeit und Raum unterworfen ist. In der Pflanze z. B. sind in Wirklichkeit alle im Samen enthaltenen Wachstumsmöglichkeiten gleichzeitig enthalten. In der endlichen Realität von Zeit und Raum kann sie hingegen zu jedem Zeitpunkt nur einen Aspekt ihres Wesens entdecken: Samen, Spross, Keimblatt usw. in der jeweiligen Reihenfolge.

Der Mensch hat die Aufgabe, einen Raum zu schaffen, in dem die Natur ganz sie selbst sein und «ihr wahres Ziel erreichen» kann. **Dieser Raum ist in erster Linie das Ich des Menschen.** Mit anderen Worten: Im Innersten der endlichen Welt existiert ein unendliches Sein, nämlich das menschliche Ich.

Auf der Ebene des Denkens kann der Mensch der Natur (oder in diesem Zusammenhang der Pflanze) ermöglichen, sich selbst auszusprechen, indem der Mensch sein Wesen als Prozess denkt. Was in der sinnlichen, «verzauberten» Sphäre nur begrenzt möglich ist, weil es in einer zeitlichen Abfolge steht, ist im Denken als eine Art Überblick bzw. Einheit möglich, die das Wesen der Pflanze als Gleichzeitigkeit enthält. So überwindet das Denken sowohl die Zeit- und Raumbegrenzung der Pflanze an sich als auch die Beschränkungen der sinnlichen, ebenfalls an das Endliche gebundenen Auffassung. **Durch sein Denken kann der Mensch der Pflanze einen Raum geben, in dem sie sich ganz ausleben kann.** In der Innerlichkeit des Menschen kann die Pflanze sprechen und ihre Geheimnisse erzählen.

Parallel dazu **gilt es in der künstlerischen Sphäre einen Raum zu schaffen, in dem etwas vom Übersinnlichen in der sinnlichen Welt erscheinen kann.** In diesem Sinne stellt ein Kunstwerk einen sinnlich-übersinnlichen Raum dar. Der Künstler dekonstruiert die «verzauberte» sinnliche Welt, um sie so wieder zu konstruieren, dass der sonst dem Ganzen unterworfene Einzelne sich selbst ganz entdecken kann. Die Dekonstruktion ist für die Entzauberung notwendig und in diesem Sinne stellt dies ein Echo der Auflösungs- und Dekonstruktionsprozesse des Schwellenübergangs dar. Das Ganze muss sich auflösen, um dem Wesen auf einem höheren Niveau seine Einheit wiederzugeben. In Steiners Worten: «[…] und von da ausstrahlen zu lassen dasjenige, was die Natur in einem Stück will, was zu einem Ganzen werden kann, was aber in der Natur selber nicht ein Ganzes ist.»[113] Diese Erscheinung des Einzelnen ist eine der Hauptaufgaben der künstlerischen Tätigkeit in Bezug auf die Natur. Damit die Dinge sich selbst entdecken können, muss der Künstler sie gewissermaßen von jenem Ganzen befreien und das Einzelne zum Ganzen entwickeln. Der Maler kann den Baum nicht nur so malen, wie der Baum zu sehen ist, sondern so, wie der Baum ist. Er kann das Element des Wachstums als Bewegung aufdecken, die Elemente von Licht und Farbe oder jedes andere Element. So erscheint das Sinnliche als Übersinnliches und das Übersinnliche als Sinnliches.[114]

Wenn wir nun diese Entzauberungsprozesse einen Schritt weiterführen, erreichen wir die Sphäre der Tat. Der Mensch wird dazu aufgerufen, ein künstlerisches Element in das Leben der Tat selbst hineinzubringen, und zwar in Bezug auf die Natur wie auch auf das Leben schlechthin. Die Tat für die Natur samt ihren drei Reichen wird somit zu heilender Tätigkeit. In unserer Zeit ist dies die Aufgabe der biodynamischen Landwirtschaft – und eigentlich jeder wahrhaft ökologischen Tätigkeit. **Das Ganze, das der Mensch in sich selbst durch die Tätigkeit des Denkens aufgedeckt hat und welches in der Sphäre des Herzens Bild und Musik geworden ist, gibt der Mensch mit einer heilenden, belebenden Tat an die Welt, an die Natur zurück.**

113 Ebd., S. 90 f.

114 Der technologische Raum ist in diesem Sinne eine «Verzauberung hoch zwei», da wir die «verzauberte» Welt der Materie entnommen und, statt sie mit heilender Kunsttätigkeit zu öffnen, diese noch tiefer in die Schranken der Endlichkeit verwiesen haben.

2. Das schöpferische Wort

Die gleiche Sprache und die gleichen Worte

In vergangenen Epochen nahmen die Menschen hinter der Natur die schöpferische, göttliche Tätigkeit des Wortes wahr. Im 6. Jahrhundert v.u.Z. sprach in Griechenland der Philosoph Heraklit über das Wort, den Logos, als die schöpferische Quelle aller Natur. Das Verhältnis zum Wort und zur Sprache hat sich im Laufe der Zeit wesentlich verändert. Aus der fernen Vergangenheit der Menschheit zeigt sich ein Bild, das vom Blickpunkt der Sprache den Augenblick des Schwellenübergangs vom Geistigen zum Irdischen beschreibt. Dieses Bild ist die Geschichte vom Turmbau zu Babel (Genesis, Kap. 11). Am Anfang des Kapitels heißt es: «Alle Menschen hatten die gleiche Sprache und gebrauchten die gleichen Worte.» Hier wird eigentlich der Zustand vor dem Schwellenübergang beschrieben, d.h. vor Beginn des Kali-Yuga. Da sagen sich die Menschen (Vers 4): «Auf, bauen wir uns eine Stadt und einen Turm mit einer Spitze bis zum Himmel und machen wir uns damit einen Namen, dann werden wir uns nicht über die ganze Erde zerstreuen», denn sie spürten, dass mit dem Schwellenübergang etwas verloren gehen wird. – Was drohte, verloren zu gehen? – «Die gleiche Sprache und die gleichen Worte.» Nun wollen die Menschen einen Turm mit einer Spitze bis zum Himmel bauen, d.h. nach oben zurückkehren, zu jener Einheit, die dem Menschen verloren zu gehen droht.

Und was tut Gott? Er verwirrt ihre Sprache. Das kommt scheinbar überraschend, da die Menschen zum Geist zurückzukehren versuchen und zu diesem Zweck einen Turm bauen, den Gott verhindert. Wir sollen bedenken, dass es sich hier um die dritte Kulturepoche handelt. In dieser Epoche hat die Menschheit auf die Erde herabzusteigen. Darum erscheint hier der Versuch, zum Geist hinauf zurückzukehren, als eine luziferische Regression. Es ist eigentlich der Versuch, zu einem veralteten geistigen Bewusstsein zurückzukehren. In diesem Stadium der Menschheit soll jedoch das Bewusstsein die Einheit verlieren und eigenständig auf der Erde zu sich finden. Die Verwirrung der Sprache dient hier also dem notwendigen Vorwärtskommen auf dem Weg zur Individuation.

Und was ist jene «gleiche Sprache»? Nach Steiner verstanden sich die Menschen bis zu einer gewissen Epoche in der Geschichte der Menschheit unmittelbar aus inspirativer Erfahrung. So etwa in den ersten Epochen des atlantischen Zeitalters: Man erlebte einen Baum und aus dieser Erfahrung entstand im Menschen ein unmittelbar klangliches Bild. Die Erfahrung des Baums führte in ihm eine bestimmte Reihe von Klängen herbei. **Der Baum sprach in der Innerlichkeit des Menschen sein eigenes Wesen als Klang aus.** Und wenn jener Mensch einen anderen traf und seine Baum-Erfahrung mit ihm teilen wollte, brauchte er nur jene Klänge zu wiederholen, die bei der Begegnung mit dem Baum in ihm erklangen. Bei dem anderen Menschen entstand alsdann ein ähnliches inneres Bild des Baumes.[115]

Jene «gleiche Sprache» ist folglich eine Sprache innerer Gesten mit inspirativem Charakter, durch welche die Dinge ihr Wesen aussprechen. Diese Sprache war eine Art Echo der anfänglichen Schöpfungssprache, auf die die biblische Schöpfungsgeschichte hindeutet. Gott erschuf die Welt durch Sprechen: «Gott sprach: Es werde Licht. Und es wurde Licht.» Zwischen «sprach» und «es wurde» gibt es keine zusätzliche

---

115 Rudolf Steiner, Aus der Akasha-Chronik, Dornach 1983, S. 26. Hinweise auf jene anfängliche Sprache lassen sich noch in den verschiedenen heutigen Sprachen finden, nämlich in grundlegenden Wörtern wie «Mother», «Mutter», «Ama», «Mummy» usw. Das bedeutet, dass manche Wörter auch nach der Teilung das ursprüngliche, verbindende Element behalten konnten. Ein weiteres Beispiel ist das deutsche Wort «Atem» und das Wort «Atman», das auf Sanskrit Geistesmensch bedeutet, d. h. das eigentliche Sein des Menschen als atmendes Wesen. So auch im Wort «Manas» (Geistselbst) im Zusammenhang mit «Man», «Mann» und «Mensch».

Handlung. Das Wort an sich ist es, was erschafft. Das Sprechen erschafft.

Wenn die Menschheit sich dem Geist verschließt, geht auch jene «gleiche Sprache» allmählich verloren. Aus ihr entstehen viele Sprachen. Das sind die verwirrten Sprachen, die bereits auf **Konvention** basieren: Wenn Menschen sich z. B. darauf einigen, dass das Wort «Stuhl» mit dem Sitzobjekt «Stuhl» verbunden ist, können sie sich gegenseitig verstehen. Jede Konventionssprache verfügt über ihren eigenen Wortschatz. In die Sprache drängt mithin Beliebigkeit ein, die das Verhältnis zwischen Wort und Objekt verändert. Anstatt einer unmittelbaren Spracherfahrung, bei der die Dinge selbst durch die ihnen jeweils eigentümlichen Klänge in mir und aus mir heraus sprechen, **entsteht eine Sprache mit einem intellektuellen Konventionscharakter.** Die sprachliche Welt schließt sich allmählich ab und wird letztendlich – wie es die Philosophie der Sprache beschreibt – zu einem Konventionsverhältnis zwischen Signifikant und Signifikat.

Der Logos als Wort

In diesem großen Prozess, im asymmetrischen Mittelpunkt zwischen den beiden Schwellenübergängen am Anfang sowie am Ende des Kali-Yuga, erfolgt die Inkarnation des großen Sonnenwesens. Was bislang aus dem Umkreis gewirkt hat, wird nun in einer Durchquerung durch den Mittelpunkt des «Stirb und Werde» geboren.

Jenes Wesen heißt im Johannesevangelium das «Wort» bzw. der «Logos»: «Im Anfang war das Wort, / und das Wort war bei Gott, / und das Wort war Gott. […] Und das Wort ist Fleisch geworden / und hat unter uns gewohnt.»[116] Der «Logos» auf Griechisch heißt das «Wort».[117] Dieses Wort ist göttlichen

116 Johannesevangelium, 1:1 bzw. 1:14 in der Einheitsübersetzung 1980.

117 Jener Johannes, der «Lieblingsjünger», zog später nach Ephesos in Kleinasien, wo ca. 600 Jahre vorher der Philosoph Heraklit gewirkt hatte, der

Ursprungs, ja es ist eigentlich das Göttliche. Es ist der sprechende Gott und das gesprochene Wort Gottes zugleich. Will sagen: Was durch die Entwicklung der Erde in Erfüllung geht, ist das göttliche Wort, der Logos. Es liegt gleichsam wie ein Samen unter der Bewusstseinsschwelle und beginnt langsam über die Jahrhunderte hinweg zu wachsen, sodass es in unserer Zeit zum ersten Mal durch den Schwellenübergang vollends ins Bewusstsein vordringen kann. Im Überblick gesehen, ging die ursprüngliche, schöpfende Gestensprache verloren, um als Wort bzw. Logos geboren zu werden.

Fünfzig Tage nach der Auferstehung versammeln sich die Jünger zu Pfingsten «eines Herzens». In der Apostelgeschichte (2. Kap.) wird beschrieben, wie der Heilige Geist in Gestalt von Feuerzungen auf sie herabsank. Pfingsten wird zu einem Fest eines erweckenden Bewusstseins für die Geburt des Logos. **Was fünfzig Tage vorher in einem kosmisch-menschlichen Ereignis als Wortsamen gelegt worden ist, wird nun individualisiert und auf der menschlichen Ebene tätig.** Die Jünger beginnen, verschiedene Sprachen zu sprechen. Durch das Herabsinken der Feuerzungen wird in ihnen die universelle Sprache neu geboren. Ab diesem Augenblick werden die Jünger zu Aposteln und machen sich auf den Weg, ihre Aufgabe in der Welt zu erfüllen. Die Geburt des neuen Geistes in unserer Zeit, der fünften Kulturepoche, ist das Erwachen des Bewusstseins für das, was in der vierten Epoche als Samen gesät worden ist, und zwar genau so, wie Pfingsten, die Pentekoste bzw. der Fünfzigste Tag, ein Erwachen dessen ist, was bei der Auferstehung als Samen gesät wurde. In diesem Sinne finden wir ein inneres Verhältnis zwischen dem Ereignis der Pentekoste und dem heutigen Geschehen des Schwellenübergangs.

Gewissermaßen ist die Pentekoste auch eine Art Umkehrung der Turmbau-Erzählung. Bei der Letzteren wird die Ein-

---

vom ursprünglichen Schöpfungselement als dem «Logos» gesprochen hatte. Er war im Mysterium von Artemis tätig gewesen, Artemis, die unter anderem als die Göttin des Sprechens bzw. des Wortes gegolten hatte.

heitssprache zu zahlreichen Sprachen verwirrt. Beim Ersteren hingegen wird der Same für eine universelle Einheitssprache gelegt, die aus dem wachen Mittelpunkt eines jeden Menschen geboren wird. In diesem Sinne ist Pfingsten auch das Fest der neuen Gemeinschaft, die auf der universell-individuellen Begegnung beruht. **Das Eindringen in den Mittelpunkt des eigenen Wesens führt zum Umkreis des Seins, an dem die verschiedenen Sprachen sich als Aspekte einer Ursprache erweisen.**

Die Offenbarung der Sprache als Menschen-Welten-Wesen

Während wir uns dem Augenblick des Schwellenübergangs annähern, verschärft sich die Sprachfrage in den verschiedenen Kulturgebieten. In der Dichtung dringt die Beschäftigung mit der Sprache ins Schreiben selbst ein – beispielsweise in der Vokale-Sonate von Arthur Rimbaud, wo die Sprache ihre Transparenz verliert. Das Gedicht untersucht die primären Bestandteile der Sprache, nämlich die Vokale. Durch den auf das Medium selbst gerichteten Blick erscheint die Sprache als wesenhaft. Auch in der Malerei zeigt sich deutlich diese Tendenz: In der zweiten Hälfte des 19. Jahrhunderts treten Künstler hervor, die der Wiedergabe der Tatsache, dass das Gemälde ein Gemälde ist, große Bedeutung beimessen. Vorher, im Neoklassizismus, herrschte die Verdeckung dieser Tatsache vor. Das Gemälde sollte genau so aussehen wie die Realität. Das Gemälde sollte also nicht «wie ein Gemälde aussehen», sondern etwas sein, was auf etwas anderes hinweist und sich darauf bezieht. Denken wir etwa an Eugène Delacroix, der in seinen Gemälden nicht mehr die Spuren der Zeichnung und der malerischen Suche verdeckt. Das Gemälde als Werden in der Zeit birgt die Spuren seiner Entstehung in sich. Es gibt freiwillig die Tatsache preis, dass es ein Gemälde ist. Mit anderen Worten: Es vergegenwärtigt, dass es Sprache ist. Ebenso bei den Impressionisten: Der Fleck ist auch eben ein Fleck, die

Linienziehung eben auch das, was sie ist; sie sind nicht nur eine Veranschaulichung von etwas anderem. Die später auftretende modernistische Kunst beschäftigt sich ebenfalls mit der Sprache.[118]

Die zentrale Beschäftigung mit der Sprache und deren Aufdeckung hängt auch mit Prozessen der Dekonstruktion zusammen. Die oben im Zusammenhang mit dem Schwellenübergang beschriebenen Auflösungsprozesse gelten auch für die Sprache. In den letzten Jahrzehnten des Kali-Yuga findet eine Dekonstruktion der alten, metrischen, rhythmischen Sprachen statt. **So wie der Zusammenhang zwischen den Grundbestandteilen des Seins – Denken, Fühlen und Wollen – zu bröckeln beginnt, wird auch die Sprache selbst bis auf ihre Grundlagen entbunden, damit sie sich selbst neu erschaffen kann, damit sie ein neues Sprechen lernt.**

Bei der Beobachtung der Sprache – oder noch genauer: der Sprache als Sprechen – können wir deutlich drei Ebenen identifizieren. Einerseits die **inhaltliche**, in welcher die Sprache als ein informatives Medium fungiert. Andererseits der entgegengesetzte, heutzutage beinahe verlorene Pol, nämlich die **schöpferische Ebene** der Sprache: Sagt man «Baum», so hat man nicht nur ein Bild oder eine Vorstellung von einem Baum, sondern erzeugt auch eine klangliche Geste im Raum. Die Kunst der Sprachgestaltung ist eng mit dieser Ebene verbunden, in der das Sprechen zu einer Handlung der Vergegenwärtigung wird. Ein Klang wird geboren und hallt im Raum wider. Diese beiden Sprachebenen stehen polar zueinander: Die eine hängt mit der Sphäre des Bewusstseins, die andere mit der Willenssphäre zusammen. Dazwischen, in der Sphäre der Mitte, bewegt sich die **erklingende Prozessualität** des Sprechaktes. Das ist der gefühlsmäßige, mit Betonung und Gestik verknüpfte Raum des «Wie».

118 In seinem oben (siehe Anm. 112) zitierten Vortrag spricht Steiner darüber, wie der moderne Künstler uns in sein Atelier einführt und somit durch seine Kunst die schöpferischen Prozesse selbst aufdeckt.

Je weiter wir in unserer Entwicklung zurückgehen, umso dominanter wird der schöpferische Pol: «Im Anfang schuf Gott ...» – der Inhalt wird aus der klanglichen Struktur geboren. **Die Klänge an sich bringen Wirklichkeit hervor.** Der Klang erschafft aus seiner eigenen Geste heraus das Bild der schöpferischen Tätigkeit.

Früher übte das gesprochene Wort eine magische Wirkung aus. Das ist die Macht des Schwures, des Segens wie auch des Fluches. Isaak segnete Jakob. Die einmal gesprochenen Worte sind eine unwiderrufliche Handlung. Auch wenn Isaak später seinen Fehler einsieht, Jakob statt Esau gesegnet zu haben, kann er diese Tatsache nicht rückgängig machen. Dieser Segen wird über Generationen weiterwirken. Es ist dies das letzte Echo einer magischen Sprache bzw. Handlung in der ätherischen Sphäre, der Lebenswirklichkeit.

Um aber das dreischichtige Bild der Sprache zu vervollständigen, sollen wir unseren Blick auf einen weiteren Aspekt, eine vierte Ebene, richten, die heutzutage immer wichtiger wird. **In jeder Sprechhandlung ist ein Sprechender vergegenwärtigt.** Das Sprechen gilt jemandem, an den sich der Sprechende wendet oder für den er spricht. **Die Sprache als lebendige Wirklichkeit entsteht im Sprechakt von jemandem zu jemandem, d.h. in der Begegnung.** Das meint Paul Celan, wenn er die Sprache als «aktualisierte Sprache» beschreibt. Er sucht in seiner Dichtung keine «Sprache schlechthin», sondern «aktualisierte Sprache, freigesetzt unter dem Zeichen einer [...] Individuation».[119] Hier betritt das ethische Element, das sich auf die Beziehung zu anderen bezieht, den sprachlichen Raum. Das Weltenwort als das eigene Umkreissein des Menschen spricht durch den Mittelpunkt seines Wesens. Das «Wort» wird zu «Fleisch» im individuellen Sprechakt.

Durch die mit der Eurythmie und der Sprachgestaltungskunst zusammenhängenden Impulse versucht Steiner die Spra-

---

119 Celan, Gesammelte Werke, Bd. 3 (siehe Anm. 20), S. 197.

che, das Sprechen, als ein Bild vom Welten-Menschen-Wesen wiederzubeleben. Später gewann dieser Impuls neue Vertiefungsmöglichkeiten durch die Alpha-Omega-Dynamik von Georg Goelzer. Die Sprache selbst erscheint als ein Wesen mit einem **begrifflich-bildlichen Aspekt** an dem einen Pol, einem **schöpferischen Aspekt** an dem anderen Pol und einem **inspirativen Aspekt** in der dynamischen Mitte, die als Vermittler zwischen beiden Polen figuriert. In diesem Sinne ist die Frage nach der vierten Ebene, das **sprechende Ich**, von entscheidender Bedeutung: Was ist der Ausgangspunkt, was ist das Motiv, woran orientiert sich mein Handeln auf der Welt? Die magische Wirkung der Sprache kann auch negativ ausfallen, wenn sie nicht aus der pulsierenden Einheit des «Ich-Bin», d.h. aus dem Wesen der Liebe geboren wird.

Das Sprechen des Menschen zu den Sternen

Sterne sprachen einst zu Menschen,
Ihr Verstummen ist Weltenschicksal;
Des Verstummens Wahrnehmung
Kann Leid sein des Erdenmenschen;

In der stummen Stille aber reift
Was Menschen sprechen zu Sternen;
Ihres Sprechens Wahrnehmung
Kann Kraft werden des Geistesmenschen.[120]

Diesen Spruch hat Steiner seiner Ehefrau Marie Steiner gewidmet, der Sprechkünstlerin und seiner Partnerin bei der Gründung der Anthroposophischen Gesellschaft. Zwei Strophen, acht Zeilen, die den großen Zug der ganzen Entwicklung von Mensch und Welt umfassen. «Sterne sprachen einst zu Menschen» – der Spruch beginnt mit der Frage des Sprechens. Wer sprach? Die Sterne, die hohen Wesen, die Geisteswelt spra-

120 Steiner, GA 40 (siehe Anm. 85), S. 107.

chen zum Menschen. Das Verstummen lässt den Menschen aufmerksam werden, eine Empfindung wird in ihm geweckt, in der etwas reift: Im weiteren Verlauf dreht sich der Vorgang dialogisch um: Das anweisende Sprechen der Sterne wird zum schöpferischen Sprechen des Menschen. **Das göttliche Sprechen zieht sich zurück, um den Raum zu schaffen, in dem der Mensch sich selbst als ein sprechendes, als ein schöpferisches Wesen erfahren kann.**

Im Zwischenraum zwischen den beiden Strophen liegt der Wendepunkt. Aus einem erschaffenen, geführten Wesen wird der Mensch zu einem führenden, schöpferischen. Von den Sternen zum Menschen: Verstummen, Schweigen und Stille. Dann aber kehrt sich die Bewegung um, vom Menschen zu den Sternen.

Heutzutage befindet sich die Menschheit in der Heranreifung: «Was Menschen sprechen zu Sternen», bereitet sich vor; «Ihres Sprechens Wahrnehmung» kann uns Kraft und Hoffnung spenden. Das ist das große Mysterium unserer Zeit.

Und was ist es, «was Menschen sprechen zu Sternen»? Wenn wir dieses neue Sprechen vernehmen wollen, gilt es, wahrzunehmen, was (noch) unter der Oberfläche lebt: das keimhafte Sprechen, das in den suchenden Herzen lebt. Jede Handlung, die dem Geist entspringt, d.h. dem wahren Wesen des Menschen als Welten-Menschen-Wesen, nimmt an jenem neuen Bauen für die Zukunft teil. Nur das, was aus dem Ich des Menschen geboren wird, kann für die künftige Entwicklung fruchtbar sein. Die Geisteswelten warten auf jenes schöpferische Sprechen. Die Wende findet statt und der Mensch beginnt, zu den Sternen zu sprechen. In Zukunft wird dieses Sprechen auf dem Wege der Selbstumwandlung zu einem Sprechen werden, das Sterne erschaffen wird. Der Mensch wird aus seinem Sprechen heraus einen neuen Planeten, eine neue Welt erschaffen. Darin liegt die gewaltige Zukunftsperspektive einer neuen Sprechtätigkeit des Menschen.

Der Schwellenübergang und die Sprachfrage

Die Sprachfrage hängt eng mit den heutigen Prozessen des Schwellenübergangs zusammen. Dies belegen drei Hauptbereiche der Gestaltung unseres Gegenwartsbewusstseins. Der erste: **Die Entwicklung der binären Sprache**, die dem Computer zugrunde liegt. Der zweite: **Die Erforschung des menschlichen Genoms**, die Entschlüsselung der DNA-Struktur. Und der dritte: **Die Kernspaltung.** Das sind drei zentrale Gebiete, auf denen im mittleren Drittel des letzten Jahrhunderts epochemachende Entdeckungen gemacht wurden, also zu einem Zeitpunkt, der nach Steiner für den Schwellenübergang ausschlaggebend ist. Die Durchbrüche in der Kernforschung und die darauffolgenden praktischen Versuche finden in den 1930/40er Jahren statt. Die ersten Anwendungen binärer Sprache im Computerbereich werden in den 1940/50er Jahren umgesetzt. Die Entwicklung der ersten, großdimensionierten Computer erfolgt in den 1950er Jahren, während die ersten PCs in den 1960er Jahren entwickelt werden. 1952 wird der genetische Code entschlüsselt. Das ist ein konstituierender Augenblick. Ohne ihn zu verstehen, können wir die heutige Kultur nicht verstehen.

Die Kulturphänomenologie geht von Ereignissen aus, die auf der Bühne der Geschichte auftreten, und stellt die Frage, worin der neue geistige Schritt besteht, dessen irdischer Schatten jene Phänomene repräsentieren. Mit anderen Worten: Das äußere kulturelle Geschehen stellt demnach den irdischen Aspekt eines Tiefengeschehens dar, das mit der Veränderung und der Geburt neuer Fähigkeiten zusammenhängt, genauer gesagt: mit einem Aufruf zur Geburt neuer Fähigkeiten. – Was steht also hinter den drei wichtigen Entwicklungen?

Die Entwicklung der binären Sprache, die die Grundlage der gesamten Informatik bildet, ist **die Erschaffung einer Sprache, die nur auf zwei Buchstaben**, zwei Zeichen basiert. Prinzipiell lassen sich mit zwei Zeichen unendlich viele Bedeutungen darstellen. Das ist vor allem auf dem Gebiet der Sprache ein großer Durchbruch.

Aber ist es nicht so, dass hinter dieser Entwicklung in innerlich-geistiger Hinsicht die Suche nach einer Denksprache für die Grundlagen des Seins steht? Und was ist die grundlegendste Sprache des Seins? In seinen Vorträgen für Lehrer spricht Steiner über **die Gerade** und **die Krumme**. In der binären Sprache können wir dasselbe Prinzip als abstrakten Schatten erkennen: 0 und 1. Also sind wir zu einer Sprache mit zwei grundlegenden Buchstaben gelangt. Ist es nicht so, dass hinter der binären Abstraktion etwas anderes steht, nämlich die innere Suche nach dem ursprünglichen Alphabet? In der Offenbarung des Johannes sagt der Logos über sich selbst: «Ich bin das Alpha und das Omega, der Erste und der Letzte, der Anfang und das Ende.» Das heißt: Das «Ich-Bin» selbst erscheint als das Alphabet des Universums. Im Hinblick auf das Wesen und die Qualität hängt das «Alpha und Omega» mit zwei Grundgesten des Seins zusammen: eine strahlende Bewegung mit offenem Charakter vom Mittelpunkt zum Umkreis und eine sich verdichtende Bewegung mit sammelndem Charakter vom Umkreis zum Mittelpunkt (die Gerade und die Krumme sind in diesem Sinne Spuren der strahlenden und der sich verdichtenden Tätigkeit). Klanglich sind es die Vokale A und O. **Die Möglichkeit, das ursprüngliche Alphabet des Seins als zwei grundlegende, entgegengesetzte und sich ergänzende Wesensqualitäten zu begreifen, ist der große Durchbruch des Schwellenübergangsgeschehens in der Denkebene**, der Ebene der strahlenden Umkreistätigkeit des Geistselbst. **Ihr irdischer Schattenaspekt ist die binäre Sprache.** Aus diesen beiden Grundqualitäten können wir nun durch schöpferische Denkphänomenologie innerlich das ganze Sein als Differenzierung des Grundpulses zwischen der Geraden und der Krummen, dem A und dem O aufbauen.

Der Unterschied zwischen der Wesenssprache und ihrem binären Schatten liegt auf der Hand: Die binäre Sprache basiert auf zwei Buchstaben, 0 und 1, d.h. auf einem quantitativen Verhältnis ohne Wesensqualität und Mitte. Durch zwei Zeichen lässt sich die Wirklichkeit als «Entweder-Oder» darstellen. Das ist die tote Schattenfigur einer neuen Denkform, die in der Menschheit erwachen möchte und sich auf die Bewegung zwischen zwei Seinsqualitäten stützt – der strahlenden Denkqualität und der sich zusammenballenden Willensqualität. Die zwischen den beiden Grundgesten lebende Mitte zeigt sich als das Wesen der Veränderung und Umwandlung.[121]

Von hier gelangen wir zu einem entscheidenden Punkt: **Die binäre Sprache kann unendlich viele Möglichkeiten darstellen, aber das Unendliche an sich kann sie nicht begreifen.** Da es sich um die Unendlichkeit einer Mehrzahl handelt, muss der Fortschritt auf dem Gebiet der Künstlichen Intelligenz vor der Schwelle des Unendlichen haltmachen. Das wahre Unendliche ist ein dimensionsloses Sein, ein wesentliches Sein, das sich nicht darstellen lässt. Dieses Sein kann nur in Bewegung zwischen den beiden Polen begriffen werden, d.h. am Punkt des Verschwindens und der werdenden Erscheinung bei der Durchquerung des Nullpunktes, des Nichts. Es ist der intuitive Moment, in dem Mittelpunkt und Umkreis für einen flüchtigen Augenblick eins werden.

Bei dem Abstieg eine Stufe weiter in die mittlere Sphäre, die auch als Lebenssphäre bezeichnet werden kann, können wir Ende der 1940er und Anfang der 1950er Jahre eine intensive Auseinandersetzung der Wissenschaft mit der Frage nach der grundlegendsten Struktur der Zelle feststellen, die die gesamte Geninformation enthält. Die Forschung auf dem Gebiet der Genetik ist nicht einfach eine weitere biologische Entdeckung, die sich den bisherigen anschließt. Auch vorher war die Erforschung der Genetik breitgefächert. Hier geht es um die Frage des Codes, der Verschlüsselung, um einen Mittelpunkt also,

121 Eine ausführliche phänomenologische Beschreibung des Prozesses der Wesensverwirklichung des Menschen im Denken aus dieser grundlegenden Polarität heraus gibt Goelzer, Der kristallene Strom (siehe Anm. 4).

von dem aus der Mensch alle anderen Aspekte verstehen könnte. Eigentlich dreht sich diese Frage um **die biologische Primärsprache**, mit anderen Worten: um **das Alphabet des Lebens.**

In diesem Zusammenhang sollen wir nicht nur auf die Forschungsergebnisse achten, sondern auch auf eine Frage, die sich zu einem bestimmten Zeitpunkt dieser Entwicklung stellt. An dieser Stelle befasst sich das Bewusstsein nicht mit biologischen Fragen, z.B. wie ein bestimmtes Eiweißmolekül oder eine bestimmte Zelle funktioniert, sondern sucht nach der Grundstruktur, von der aus der gesamte Körperbau zu erklären wäre. Der Blick richtet sich nunmehr auf die Sphäre der Mitte bzw. die Lebenssphäre, welche der endliche Aspekt bzw. die Parallele zum inspirativen, transformativen Sein des Lebensgeistes ist. In der Mitte des 20. Jahrhunderts öffnet sich also die Lebenssphäre für die Menschheit. Die Entschlüsselung des genetischen Codes ist in dieser Hinsicht der irdische Schatten jenes inneren Geschehens. Noch erforschen wir das Leben, sagt Steiner, mit Begriffen des Todes. In ähnlicher Weise geht die heutige Biologie dem Verhalten der Materie im lebenden Organismus nach, ohne sich jedoch mit der Erforschung des lebendigen Seins an sich zu befassen.

Nichtsdestoweniger deutet gerade der auf diesen Punkt gerichtete Blick ein neues Element an, das imstande und willens ist, sich der Menschheit und in ihr zu offenbaren. **Dieses neue Element ist der Prozess bzw. die Prozessualität** und basiert auf einem metamorphen Verhältnis. Hierin können wir einen Schwellenübergang in die Lebenssphäre hinein erblicken, und zwar zu einer Zeit, in der die Menschheit sich bewusstseinsmäßig hin zum zentralen Ereignis unserer Zeit erheben kann, nämlich zur Erscheinung Christi in der Lebenssphäre. Das allgemeine Bewusstsein erlebt die äußeren Formen dieses Geschehens wie den Schatten einer Tätigkeit, die eigentlich in einer anderen Sphäre verortet ist.

Um einen Sachverhalt tief zu begreifen, muss man den Weg

einer schmerzlichen Selbstveränderung beschreiten. Der heute vorherrschende Wissensbegriff bezieht die Erkenntnis nicht auf Selbstveränderung. Beachtenswerte wissenschaftliche Errungenschaften können geleistet werden, ohne den Weg der inneren Umwandlung zu beschreiten. Zwei junge, ca. 25 Jahre alte Forscher, namens James Watson und Francis Crick, haben den genetischen Code bzw. die Doppelhelix entschlüsselt. Als sie das begriffen haben, rannten sie in die nächstgelegene Kneipe, wobei einer von ihnen ruft: «Wir haben das Geheimnis des Lebens gefunden!» – Tatsächlich?

Damit kommen wir in der dritten Ebene an, die wie gesagt mit dem schöpferischen Sprechen, der Willenssphäre des Geistesmenschen zusammenhängt, dessen endlicher Aspekt der physische Körper und die Materie schlechthin darstellt. In den 1930er Jahren, als die Schicksalssphäre ins Bewusstsein emporsteigen konnte, wurde intensiv versucht, die kleinsten Elemente zu entdecken und zu manipulieren, d. h. den Atomkern zu spalten. **Wo die schöpferische Kraft angekettet ist, entsteht bei ihrer Freisetzung ein immenses Zerstörungspotenzial.** Das ist der freigelassene Flaschengeist. Goelzer schreibt darüber:

> Die Aufgabe des Menschen ist nun, das schöpferische Feuer des Geistes aus dem Erstarrungszustand [...] wieder zu befreien, aber in einem anderen Sinn als durch das unschöpferische Schattenwirken der Kernkraft.[122]

Dem Menschen obliegt eine Umwandlungsaufgabe in Bezug auf die Materie. Wir sind aufgerufen, das, was erstarrte und starb, wieder in einen schöpferischen Zustand zu versetzen. Hierin besteht das tiefste Handlungsmotiv des künstlerisch-schöpferischen Schaffens. Die Kernspaltung ist die Schattenseite derselben Umwandlungsarbeit. Die Umwandlung der

122 Friederich, Goelzer, Falter und Blüte (siehe Anm. 86), S. 275.

Materie macht eine schöpferische umwandelnde Überquerung meines Wesenskerns erforderlich. Die künstlerische Arbeit mit dem Material kann eine Vorbereitung auf diese zukünftige Aufgabe sein.

Bei allen diesen Ausführungen muss berücksichtigt werden, dass sich in unserer Zeit eine Kluft zwischen der äußeren, d.h. technisch-wissenschaftlichen, Entwicklung und der inneren, d.h. geistig-seelischen, Entwicklung des Menschen aufgetan hat. Gerade aufgrund dieses Abstandes sind Teile dieser Entwicklung zu Schattenerscheinungen geworden. Der Unterschied zwischen der technischen Tätigkeit und der Tätigkeit, zu welcher der Mensch im schöpferischen Handeln durch das Wort aufgerufen wird, hat mit Selbstveränderung zu tun. **Die neue Geburt aus dem Wort im hier besprochenen Sinne ist die Geburt des Menschen selbst.** Das ist die große Kunst der Zukunft, die sich auf Harmonisierung in der Willenssphäre des Schicksals stützt. Dieser Geburtsvorgang beginnt bereits zu unseren Lebzeiten mit der Umwandlung jener der drei dargelegten kulturellen Ebenen.

Hinter jenen drei technisch-kulturellen Erscheinungen – binäre Sprache und Künstliche Intelligenz, Gentechnik und Kernspaltung –, die weitreichende Folgen für die Entwicklung der Gegenwartskultur nach sich ziehen, können wir den Aufruf zur Geburt einer neuen Tätigkeit vernehmen, die sich als die pulsierende Bewegung des Welten-Menschen-Wesens zwischen «Alpha und Omega» zeigt. Diese Tätigkeit wird in der Menschheit weiter gedeihen, und zwar bis hin zu dem, was Goelzer die «Logosgeburt» bezeichnet.[123] Der Mensch wird lernen, aus dem Wort, d.h. durch das Sprechen, den menschlichen Körper zu gebären.[124] Dies setzt einen tiefgründigen Umwandlungsprozess des Menschen sowohl in der luziferischen als auch in der ahrimanischen Sphäre voraus. **Es geht**

123 Goelzer, Alpha und Omega, S. 139–142 (siehe Anm. 37).

124 Rudolf Steiner, Die Theosophie des Rosenkreuzers, GA 99, Vortrag vom 5.6.1907, Dornach 1985, S. 147.

um die Selbstläuterung und Überwindung des luziferischen sowie um die Umwandlung des ahrimanischen Anteils im Menschen, d.h. um die Wiederöffnung der Materialität und deren Verwandlung in eine schöpferische Kraft. Das ist die künftige Magie des Sprechens. Das Sprechen wird zu einer Handlung, die nicht nur bis in die Luftsphäre eindringt, sondern aus ihr mit der richtigen Klangfolge auch die Körperlichkeit des Menschen gestaltet.

Kultur jenseits der Schwelle

1. Der Spiegelsaal des Postmodernismus

Jenseits der Schwelle

Es besteht eine Parallelität zwischen den Erfahrungen des einzelnen Menschen in seinem Initiationsprozess und der Geschichte der Menschheit im Allgemeinen in unserer Zeit. Die heutige Menschheit überschreitet die Schwelle, wie der einzelne Mensch auf dem Weg seiner inneren Entwicklung die Schwelle überschreitet. Wenn wir uns die Entwicklung des 20. Jahrhunderts anschauen, können wir eine Art Begegnung mit dem kleinen sowie mit dem großen Schwellenhüter in den 1930er und 1940er Jahren erkennen. Setzen wir diese Beobachtung fort, so können wir einige der Hauptmotive erkennen, die mit den letzten Jahrzehnten des 20. Jahrhunderts zusammenhängen und in unsere heutige Zeit führen.

Wenn man sich in den ersten Phasen der übersinnlichen Erfahrung befindet, d.h. bei den ersten Erfahrungen jenseits der Schwelle, die das Irdische vom Geistigen trennt, stellt sich einem, sagt Steiner, als Hauptfrage die Frage der Wahrheit. Was ist wahr und was ist nicht wahr? Die Frage der Sicherheit in Bezug auf die eigenen Erfahrungen drängt sich auf und wird zu einer akuten Fragestellung, weil der vertraute Boden unter den geistig-seelischen Füßen zu schwinden beginnt. Solange man in seinem Bewusstsein in einer physisch-sinnlichen Umgebung lebt, wird man ständig durch die physische Welt berichtigt. Die Gesetze der Materie regeln die Erfahrung in der irdischen Realität. Der materielle Widerstand gestaltet seine bewusste Erfahrung und hilft einem, ein klares Bewusstsein für die und eine Orientierung in der Welt zu schaffen, in der man lebt. So weiß man zwischen dem, was in seiner inneren Welt lebt – Gefühle, Vorstellungen, Begierden –, und jener physischen, äußeren Welt zu unterscheiden. Demgegenüber geht einem die korrekturfähige, äußere Stütze verloren, sobald man das alltägliche, auf dem Irdisch-Physischen gestützte Bewusstsein verlässt. Dann betritt man eine Welt, in der die Orientierung äußerst schwerfällt. Steiner beschreibt es folgendermaßen:

> Außer dieser einen Tatsache [dass die physische Welt uns nicht mehr berichtigt, Anm. d. Verf.] gibt es nun noch eine andere, durch welche der Mensch in Verwirrung gesetzt werden könnte, wenn er sich ohne Führung in die imaginative Welt begeben wollte. Es lernt nämlich der Geheimschüler von allen geistigen Wesenheiten in erster Linie sich selbst kennen. In dem physischen Leben hat der Mensch Gefühle, Begierden, Wünsche, Leidenschaften, Vorstellungen usw. Zwar werden diese alle von den Dingen und Wesenheiten der äußeren Welt veranlaßt, aber der Mensch weiß ganz genau, daß sie seine innere Welt bilden, und er unterscheidet sie als das, was in seiner Seele vorgeht, von den Gegenständen der Außenwelt. Sobald aber der imaginative Sinn erweckt ist, hört diese Leichtigkeit des Unterscheidens ganz auf. Seine eigenen Gefühle, Vorstellungen, Leidenschaften usw. treten buchstäblich aus ihm heraus, nehmen Gestalt, Farbe und Ton an. Er steht ihnen jetzt so gegenüber wie in der physischen Welt ganz fremden Gegenständen und Wesenheiten. [...] Es erscheint nämlich in ihr alles umgekehrt, wie im Spiegelbilde. Was vom Menschen ausströmt, erscheint so, als wenn es von außen an ihn herankommen wollte. [...] So kann es kommen, daß der Mensch sich vorkommt als umgeben und umflattert von einer ganz phantastischen, oft reizvollen und verführerischen, oft auch grausigen Welt. In Wahrheit stellt diese nichts anderes vor als seine eigenen Gedanken, Wünsche und Leidenschaften, welche in Bilder verwandelt sind. – Man würde sich einem großen Irrtum hingeben, wenn man glauben wollte, daß die Unterscheidung dieses in Bilder verwandelten Selbstes von der wirklichen geistigen Welt leicht sei.[125]

In der fernen Vergangenheit, bei den Initiationsprozessen der Mysterien, musste der Schüler unter der Anleitung eines

125 Rudolf Steiner, Die Stufen der höheren Erkenntnis, GA 12, Dornach 1993, S. 46 f.

Lehrers in die übersinnlichen Sphären gelangen. So lernte der Schüler Schritt für Schritt, sich in jenen Sphären zu orientieren. Die Orientierungsschwierigkeit stammt von jener von Steiner beschriebenen Umkehrung in den Innen-Außen-Beziehungen. In der physischen Welt weiß er, dass seine Gefühle mit ihm verbunden sind, d. h. dass ein enger Zusammenhang zwischen ihm und dem besteht, was in seiner Innerlichkeit lebt, sodass er, wenn auch meistens unbewusst, zwischen seiner Innerlichkeit und der Außenwelt unterscheiden kann. Demgegenüber wird in der imaginativen Erfahrungssphäre diese Unterscheidungsfähigkeit wesentlich komplexer. Der Mensch steht in einer Bilderwelt, in der sein inneres Leben Gestalt annimmt und sich ihm von außen zeigt wie eigenständige Wesen, die nicht mit ihm verbunden sind. Der Lehrer musste dem Schüler ein Unterscheidungsvermögen zwischen den astralen Projektionen seiner Seele und den objektiven, sich ihm annähernden Geisteswesen beibringen. Beim Betreten jener Welt verliert der Schüler seinen Stützpunkt. **Zunächst findet er sich in einer Welt voller Spiegelbilder wieder, ohne Unterscheidungsmöglichkeit, ohne Halt.** Der Schüler hat dann eigentlich aufs Neue zu lernen, wie er sich in einer bodenlosen Welt zurechtfinden kann.

In den letzten Jahrzehnten des 20. Jahrhunderts macht die Menschheit einen ähnlichen Prozess durch. Nach dem Schwellenübergang in der Mitte des Jahrhunderts betritt die Menschheit als Ganzes eine Spiegelwelt, eine Art Kaleidoskop von Narrativen, Tagesordnungen und Zitaten. Das Verhältnis zwischen Realität und Widerspiegelung wird immer verschwommener. Jede Aussage erhält eine pseudo-objektive Wirklichkeit (die sich dabei dessen bewusst ist, dass sie nur eine Perspektive ist) und vervielfältigt sich über die Medien hundert- und tausendfach. **Das ist der Spiegelraum des postmodernen Bewusstseins.**

Die beispiellose Beschleunigung der Medienentwicklung in den letzten Jahrzehnten spielt dabei eine zentrale Rolle.

Diese Beschleunigung stellt zugleich eine irdische Widerspiegelung eines Geschehens dar, das mit den Tiefenprozessen der Bewusstseinsentwicklung zusammenhängt. Durch die Entwicklung der sozialen Netzwerke und der Smartphones kann jeder Mensch zu einem Relais-Sender, einer Zeitschrift oder einem mobilen Nachrichtensender werden. Das bedeutet, dass das, **was bislang als Inhalt des inneren Lebens eines Menschen gelebt hat, nun eine Art Objektivierung erfährt, nach außen projiziert und zu einem Bild wird, das sich wie eine Wirklichkeit gibt.** Die Medien erlauben dem menschlichen Bewusstsein millionenfach, sich im elektronischen Raum als aktive Wirklichkeit (oder Unwirklichkeit) zu bewegen. Das beeinflusst das Kulturleben der letzten Jahrzehnte auf mannigfaltigen Gebieten.[126]

Es stellt sich die Frage, wie wir uns in jener Spiegelwelt orientieren können. Wie wir in einer nach außen projizierten Seelenwelt Halt finden, die jedoch herabgesetzt und in den letzten Jahrzehnten zu einer kulturellen Wirklichkeit geworden ist? Dieses Außen-Geschehen hängt mit jener ersten Phase **jenseits der Schwelle** zusammen. Im ersten Mysteriendrama wird eine Antwort angedeutet: Wann weiß Johannes zum ersten Mal, dass er etwas Wirkliches begriffen hat? Wenn ihm im Geist jemand begegnet, den er vorher auf der Erde gekannt hat. Das heißt: Wir brauchen jemand anderen, der uns die Wahrheit unseres Selbst widerspiegelt. An meinem begrenzten Selbst allein kann ich mich nicht in jener Sphäre orientieren. **Ich brauche eine Widerspiegelung, die kein Spiegelbild ist, also jemand, der mir durch seine wirkliche Ichheit mein Ich**

---

126 Mit dem großen Durchbruch im Bereich der Künstlichen Intelligenz (z.B. durch Chat GPT) gewinnt diese Entwicklung enorm an Beschleunigung. Die Fähigkeit, zwischen Arbeit, die aus der kreativen Quelle des Ich stammt, und dem Produkt Künstlicher Intelligenz zu unterscheiden, wird zu einer Prüfung für die Menschheit. Dabei ist zu bedenken, dass Künstliche Intelligenz immer auf einer fixen und endlichen Summe vergangener Produkte beruhen muss, während das kreative Ich als unendliches Wesen aus der Zukunft erschaffen kann.

zurückgibt. Das ist genau das, was Maria Johannes im kritischen Augenblick seiner geistigen Reise übergibt.

Der erste Schritt auf der inneren Reise ist folglich, **den Mittelpunkt in mir zu finden.** Der wesentlich schwierigere zweite Schritt besteht darin, **den Mittelpunkt im Umkreis zu finden – die Orientierung an etwas zu finden, was «nicht ich» ist.** An dieser Stelle kann man völlig verloren gehen, sowohl im kulturellen als auch im persönlichen Sinne. Wir müssen also unsere Ich-Auffassung so erweitern, dass wir **die Realität sozusagen an beiden Enden zugleich begreifen, sowohl vom Umkreis- als auch vom Mittelpunktpol her.** Den Lehrer, der den Schüler auf dessen Mysterienreise begleitete, ersetzt seit dem Wiederkunftsereignis das «Ich-Bin», d.h. das innerste Wesen eines jeden Menschen. Es erscheint in unserer Zeit als unser Begleiter, als der absolut Andere, der zu gleicher Zeit auch unsere Ichheit selbst ist.

Überschreiten des Medienbildschirms

Einer der Hauptaspekte dieser Spiegelwelt unserer Zeit ist die Welt der Bildschirme. Um sie zu verstehen, müssen wir in einigen Punkten Klarheit schaffen. Erstens müssen wir uns der Besonderheit der Medien bewusst werden, d.h. die Täuschung ihrer Transparenz überwinden. Das Wort **Medien** kommt von **Medium.** Das Medium ist das vermittelnde Mittel. Darum sollen wir uns des Vermittlers bewusst werden.

«Das Medium ist die Botschaft», Marshall McLuhans berühmte Aussage aus dem Jahr 1964 markiert den Übergang zum neuen, hier besprochenen Bewusstsein. Erste Anzeichen können wir auch früher identifizieren, nämlich in der intensiven Beschäftigung der modernen Kunst mit der Sprache. Aber durch die Entwicklung elektronischer Mittel werden die Medien gestärkt. Weicht in der Kunst das Medium dem Anderen, dessen Erscheinung damit möglich wird, so bleiben in der Telekommunikation die Medien bzw. das Medium standhaft.

Sie stellen alles in ihrem eigenen Bild dar.[127] Bei jedem aktuellen Ereignis werden die Medien Teil des Ereignisses, sie sind nicht nur ein Mittel der Berichterstattung. Das ist der richtige Blickpunkt auf Phänomene wie den Islamischen Staat sowie die Entwicklung der Corona-Pandemie. Im ersteren Fall wurden die Medien gezielt eingesetzt und wohnen damit der Tat selbst inne. Bei Letzterem wohnen die Medien der Pandemie selbst inne.[128]

Zu beachten ist der besondere Charakter des Eindrucks, den uns die Medien vermitteln, insbesondere der Eindrücke, die uns über den Bildschirm erreichen. Wie im dritten Kapitel der «Philosophie der Freiheit» beschrieben, basiert die Erkenntnis darauf, dass zwischen Beobachtung und Denken das richtige Verhältnis besteht. Prinzipiell kann man sagen, dass Verständnis das Auffinden eines Zusammenhanges bedeutet, aus dem der Eindruck herausgerissen wird. Dieser Zusammenhang besteht als Gesetzmäßigkeit im Begriff. Ein Eindruck ohne begrifflichen Zusammenhang ist ein sinnloser Eindruck. Angesichts der Bildschirmeindrücke entsteht das Problem, dass sie als **Eindrücke ein zweitrangiges Phänomen** bilden. Will sagen: Sie sind kein unmittelbarer Eindruck von etwas, sondern **ein Eindruck von einem Eindruck**. Dieser Abstand erschwert die Findung des Zusammenhanges zwischen dem Eindruck und dem Objekt. In der Sphäre der Medien ist dieser Abstand immanent. **Zwischen dem darstellenden Eindruck und dem dargestellten Objekt entsteht eine grundlegende Verfremdung.** In diesem Abstand, dem von den Medien erschaffenen Zwischenraum, kommen die ahrimanischen und luziferischen Elemente in immer größerer Intensität zu Wort. Steiner schreibt hierzu:

---

127 Siehe in diesem Zusammenhang: Zvi Szir, Das Bild und der Tod, Jerusalem 2014, S. 29–42.

128 Dieser Gedanke wird im Folgenden im Kapitel «Mega-Medien-Corona» ausgeführt.

> … im fünften [nachatlantischen Zeitraum] werden die Kräfte der Illusion verbunden sein mit den Kräften des Bösen, die Illusion, die Maja selber wird von dem Bösen ergriffen werden. Und alles das wird durchsetzt sein von […] der Gescheitheit, von der Intelligenz.[129]

Um aber etwas zu verstehen, muss ich seinen Platz im Gesamtzusammenhang finden. Der Abstand zwischen Eindruck und Objekt lässt sich nur überwinden, indem ein Begriffssystem von Zusammenhängen hergestellt wird, in dem die verschiedenen Eindrücke (Informationen) ihren richtigen Platz finden können. In diesem Sinne sollte man **in einer Welt der zweit- oder drittrangigen Eindrücke den Zusammenhang aufsuchen**, der durch eine umfassende Erweiterung der Perspektive, wie sie eine moderne Geisteswissenschaft bieten kann, möglich ist. Diese Perspektive entsteht aus einem grundlegenden, phänomenologischen Studium von Entwicklungs- und Metamorphose-Prozessen im biographischen und historischen Lebensstrom des Welten-Menschen-Wesens.

Die Denktätigkeit, welche die Eindrücke in der Spiegelwelt der derzeitigen Kultur webt, erhält durch die Öffnung der Lebenssphäre in der Mitte des 20. Jahrhunderts die Möglichkeit, neue Qualitäten zu entwickeln, die auf denkerisch-musikalischer Bewegung basieren. Angesichts der immensen Vielzahl der Eindrücke werden neue Denkfähigkeiten möglich, die unmittelbar aus dem Wiederkunftsereignis hervorgehen. Dieses Denken hat, wie oben erwähnt, einen dynamisch-monistischen Charakter. **Der dynamische Monismus verkörpert im Denken das Wiederkunftsereignis.** Man soll sich selbst aus erlebendem Denken heraus als allumfassendes Wesen begreifen und die sinnlichen, medialen und sonstigen Informationsströme dynamisch zum pulsierenden Ganzen seines eigenen Seins zusammenweben. Diese Merkurtätigkeit des Denkens

---

129 Rudolf Steiner, Das Faust-Problem, GA 273, Vortrag vom 4.11.1917, S. 119.

ermöglicht, jede Situation von verschiedenen Blickpunkten aus gleichzeitig zu begreifen.[130]

In diesem Sinne können wir sagen, dass die Michael-Tätigkeit selbst als grundsätzlich erkenntnismäßige Tätigkeit durch das Kernereignis des 20. Jahrhunderts, das Wiederkunftsereignis, umgewandelt wird. Die neuen spirituellen Erkenntnismöglichkeiten, die seit Ende des 19. Jahrhunderts von Michael kommen und deren Hauptaufgabe die Vorbereitung des Wiederkunftsereignisses in der Menschheit war, werden im letzten Drittel des 20. Jahrhunderts umgewandelt, und zwar durch dasselbe Ereignis, das sie selbst vorbereitet haben.

Ab dem Schwellenübergang muss sich der Mensch immer mehr anhand seiner eigenen Tätigkeit zurechtfinden. Daraus folgt, dass die Findung des pulsierenden Stützpunktes Übung voraussetzt. Wir müssen durch bewusste Übungsarbeit neue Denkfähigkeiten entwickeln. Die Übung der Erkenntnistätigkeit erfordert Geduld sowie die Aussetzung von Beurteilungen und das Studium der phänomenologischen Betrachtung der Welt der Eindrücke. Aber über allem bedarf es des Lernens eines **Lebens in einer Frage**, denn die Verhältnisse in unserer komplizierten Welt lassen sich nur schrittweise klären.

Diese Übung erfordert ein künstlerisches Arbeiten, das das Seelenleben flexibel macht und im deutlichen Gegensatz zum flachen Blick der Bildschirmkultur die Empfindsamkeit für qualitative Nuancen der sinnlichen Wirklichkeit entwickelt. Gerade in der materialistischen Kultur der letzten Jahrhunderte ist uns die qualitative Empfindung der Materie verloren gegangen. Die Auffassung der Materie ist abstrakt geworden. Um durch den Bildschirm hindurchzukommen, müssen wir die Farbe, den Klang sowie die reale Haptik der Materie neu erlernen. Die Medienwelt ist eine Bewusstseinswelt, die radikal von der Willenssphäre getrennt worden ist und sich mit

---

130 Vgl. Goelzer, Der kristallene Strom (siehe Anm. 4), sowie Friederich, Goelzer, Falter und Blüte (siehe Anm. 85).

einem Kopf ohne Torso und Gliedmaßen vergleichen lässt. Die künstlerische Arbeit erzieht zur wiederholten Überquerung der Mittelpunktsphäre hin zu den Gliedmaßen. Ein vom erlebenden Mittelpunkt und vom Willen getrenntes Bewusstsein führt notwendigerweise zu begrifflichen Systemen, die nicht in der Wirklichkeit verankert sind.

2. Corona – Perspektiven der Gegenwart

Vom Symptom zur Wirklichkeit

Vor dem Hintergrund der bisherigen Ausführungen versuche ich im Folgenden, Gegenwartsperspektiven auf das Corona-Geschehen zu erarbeiten, das wir zum Zeitpunkt des Schreibens dieser Zeilen noch erfahren. Dabei bin ich mir bewusst, dass die Zeit noch Möglichkeiten zur Erweiterung des Bildes und zur Bereicherung dieser Blickpunkte bringen wird.[131] Ein Hinweis könnte unseren Blick auf einen Hauptaspekt dieses Geschehens fokussieren: Die erste mit Corona infizierte Person ist am 17.11.2019 in China festgestellt worden. Dieses Datum, der 17. November, ist in der Geschichte der anthroposophischen Bewegung von zentraler Bedeutung: Es ist der Geburtstag der modernen Geisteswissenschaft: Am 17. November 1901 stellte Marie von Sivers, die spätere Marie Steiner, Rudolf Steiner die Gründungsfrage in der Entwicklung der geisteswissenschaftlichen Bewegung. Es war nach einem Vortrag, den Rudolf Steiner im Rahmen der Theosophischen Gesellschaft gab. Marie von Sivers fragte, «ob es nicht doch sehr notwendig sei, eine geistige Bewegung in Europa ins Leben zu rufen», worauf Rudolf Steiner antwortete: «Gewiss, notwendig ist es, eine geisteswissenschaftliche Bewegung ins Leben zu rufen; ich werde mich aber nur finden lassen für eine solche Bewegung, die an den abendländischen Okkultismus […] anknüpft und diesen fortentwickelt.»[132] Ein unsichtbarer Faden verbindet das heutige Geschehen mit dem Tiefengesche-

131 Dieses Kapitel ist infolge eines Vortrages entstanden, den ich Anfang März 2020 hielt.

132 Erdmuth Johannes Grosse, Das Rätsel des Urvorstandes, Dornach 2007, S. 16. 33 Jahre später, genau am 17. November 1934, beginnt das unmittelbare Geistesgespräch von Mara Friederich mit dem Christus-Wesen. (Dieses Ereignis wird in Friederich, Goelzer, Falter und Blüte [siehe Anm. 85], S. 25, beschrieben.)

hen des Schwellenübergangs, der in unserer Zeit in Erfüllung gehen möchte.

Rudolf Steiners Grundeinstellung zu Krankheiten – und dies soll für uns als Grundgedanke gelten – ist, dass das, was zunächst in der erfahrungs- bzw. bewusstseinsmäßigen Sphäre, d.h. im Astralleib und im Ich lebt, durch die Vermittlung des Lebensleibes heruntergezogen wird und als Krankheit im physischen Körper erscheint.[133] Unsere Einseitigkeit in der astralen Sphäre erscheint später als eine Krankheit mit einer entsprechenden Tendenz. Aber nicht nur innere Krankheiten entstehen als Balancierung unserer Einseitigkeit in der astralen Sphäre. Der Ausgleich kann auch von außen kommen, etwa durch eine Krankheit, die dem Menschen als Pandemie begegnet.

Steiners Bezugnahmen betreffen meistens Bakterien und nicht Viren, aber wir sollen bedenken, dass das Virus mikroskopisch, d.h. mit dem Auge, erst 1931 entdeckt wurde, ca. sechs Jahre nach Steiners Tod. Darum beschreiben die folgenden Zitate aus Steiners Worten allgemein die mikroskopische Welt («Bazillen» und «bazillenähnliche Geschöpfe», wie er es nennt). In einem Vortrag aus dem Jahr 1906 sagt er:

> Wer hineinschauen kann in die geistige Welt, der weiß, daß alles, was äußerlich materiell existiert, seinen geistigen Ursprung hat, aus dem Geistigen stammt. Es gibt nichts Stoffliches, das nicht aus dem Geistigen stammte. So kommt denn auch das, was die Menschen äußerlich als Gesundheit und Krankheit haben, von ihrer Gesinnung, von ihren Gedanken.[134]

Heutzutage besteht die weit verbreitete Tendenz, die Gründe

---

133 Im Vortragszyklus «Die Offenbarungen des Karma» gibt Steiner eine gründliche Beschreibung. Siehe Rudolf Steiner, Die Offenbarungen des Karma, GA 120, Dornach 1992.

134 Rudolf Steiner, Ursprungsimpulse der Geisteswissenschaft, GA 96, Vortrag vom 29.1.1906, Dornach 1989, S. 18.

für das physische Phänomen in der physischen Welt aufzusuchen und dies z.B. mit elektromagnetischer Strahlung (5G) oder einem anderen physischen Phänomen zu verbinden. Es ist wichtig, darauf hinzuweisen, dass es hier nicht darum geht, dass diese Gründe nicht bestünden oder notwendigerweise falsch wären, sondern darum, dass der Blick damit aufs Falsche gerichtet wird. **Wenn wir die Quelle des Physischen im Physischen suchen, bleiben wir auf derselben Ebene. Das heißt: Wir bewegen uns von Symptom zu Symptom und nicht vom Symptom zum Grund.** So kommen wir nicht zum wesentlichen Faktor.

> Es ist durchaus wahr das Sprichwort: Was du heute denkst, das bist du morgen. – Sie müssen sich klar sein, daß, wenn ein Zeitalter schlechte, verdorbene Gedanken hat, die nächste Generation und das nächste Zeitalter dies physisch zu büßen hat. [...] Nicht ungestraft haben die Menschen des 19. Jahrhunderts angefangen, so derb materiell zu denken, so wegzuwenden ihren Verstand von jeglichem Geistigen.[135]

Was heute im Bewusstsein lebt, wird morgen zur Willenswirklichkeit und steigt ins Konkret-Physische hinab. Ab Mitte des 19. Jahrhunderts und eigentlich zum ersten Mal in der Geschichte der Menschheit entwickelt sich wie gesagt eine materialistische Auffassung des Menschen und der Welt. Das ist der theoretische Materialismus.

Zwar gab es in Griechenland bereits eine Art Vorbereitungsblitz – die atomistischen Denker sprachen von unspaltbaren Grundteilchen, vom «A-Tom» bzw. dem Unzerlegbaren, aus dem die Welt besteht. Aber in Griechenland konnte eine solche Auffassung noch nicht vorherrschen, da die Menschen sich noch weithin mit dem Geist verbunden fühlten. Im 19. Jahrhundert wird diese materialistische Auffassung zu einer weit verbreiteten Tendenz. Wie Steiner sagt: Alles, was der Mensch

135 Ebd.

als Binnenwelt, als Denkform, Auffassung und Erfahrungsweise in sich birgt, muss sich in der Außenwelt auswirken:

> Was dazumal die Menschen gedacht haben, das wird sich erfüllen. Und wir sind nicht so weit davon entfernt, daß merkwürdige Krankheiten und Epidemien in unserer Menschheit auftreten werden! [...] Das sind die wirklichen Folgen des Umstandes, daß es den Menschen an dem geistigen Lebenskern fehlt.[136]

Der Materialismus erscheint als eine extreme Form der bewusstseinsmäßigen Einseitigkeit im Menschen. Damit wird sein gesamtes Wesen auf ein Prinzip reduziert, das Prinzip des physischen Körpers. Der Mensch zieht «den geistigen Lebenskern» heraus, macht ihn überflüssig und leugnet damit seinen wesenshaften Ursprung. Damit stellt der Mensch die Weichen für eine kulturelle und moralische Orientierungslosigkeit. **Die materialistische Einseitigkeit, welche die eigentliche Krankheit ist, fordert durch Pandemien, Krankheiten und Schicksalsschläge ihren Ausgleich.** – Es stellt sich die Frage, ob gerade die Untergrabung des körperlichen Elements zu einer Korrektur, zu einem neuen Erwachen für den Geist führt.

Materialistisches Denken, Angst und bazillenähnliche Geschöpfe

In der Zeit, als die Menschen noch an den Geist glaubten, galt die Angst, wie Steiner sagt, den Geistern. In einer materialistischen Zeit gilt sie den Bakterien. Es liegt das gleiche seelische Bild eines unsichtbaren Feindes zugrunde:

> Nun handelt es sich darum, [...] daß Bazillen nur dann gefährlich werden können, wenn sie gepflegt werden [...] Bazillen werden am intensivsten gepflegt, wenn der Mensch in den Schlafzustand hineinnimmt nichts anderes als materialistische Gesinnung. Es gibt

136 Ebd.

> kein besseres Mittel für diese Pflege, als mit nur materialistischen Vorstellungen in den Schlaf hineinzugehen und von da, von der geistigen Welt, von seinem Ich und Astralleib aus zurückzuwirken auf die Organe des physischen Leibes [...].[137]

Welches Bild entsteht mit diesen Worten? Wenn man schlafen geht, verlassen Astralleib und Ich den physischen und ätherischen Leib. Von der geistigen Welt aus kommen die Wirkungen, um die zurückgelassene Körperlichkeit zu heilen. – Mit welchen Gedanken geht man schlafen? Gedanken mit materialistischem Charakter, die den Menschen und die Welt ausschließlich unter dem materiellen Aspekt begreifen, sind nach Steiner der sichere Weg, um jene bazillenähnlichen Geschöpfe zu «nähren», da in diesen Gedanken kein Platz für das geistige Bild der Ganzheit ist, was Heilung und Genesung ermöglicht.

> ... es gibt noch wenigstens ein Mittel, das ebensogut ist wie dieses. Das ist, in einem Herd von epidemischen oder endemischen Krankheiten zu leben und nichts anderes aufzunehmen als die Krankheitsbilder um sich herum, indem man einzig und allein angefüllt ist mit der Empfindung der Furcht vor dieser Krankheit. [...] so erzeugen sich in der Seele die unbewußten Nachbilder, Imaginationen, die durchsetzt sind von Furcht. Und das ist ein gutes Mittel, um Bazillen zu hegen und zu pflegen. [...] Immer mehr und mehr muß sich im Laufe dieses Jahrhunderts die Erkenntnis verbreiten, wie die geistige Welt auch für unser physisches Leben absolut nicht gleichgültig ist, wie sie für die physische Welt ihre durchdringende Bedeutung hat, weil wir in der Tat vom Einschlafen bis zum Aufwachen in der geistigen Welt drinnen sind und da von ihr aus wirksam bleiben für den physischen Leib.[138]

Die Angst ist das beste Mittel zur Pflege der Bakterien. Angst vor Krankheit schwächt das Immunsystem und lässt jene

137 Rudolf Steiner, Wie erwirbt man sich Verständnis für die geistige Welt?, GA 154, Vortrag vom 5.5.1914, S. 46–47.

138 Ebd., S. 47–48.

Viren den Menschen ergreifen. Steiner betont die zentrale Bedeutung der Geisteswelt für das irdische Leben und verknüpft diese Einsicht mit der Frage nach dem Verhältnis zwischen Schlaf und dem wachen Leben des Menschen. Es zeigt sich eine Art Pendelbewegung: Was der Mensch in seinem wachen Leben als Denk- und Seeleninhalt in sich trägt, nimmt er in die Geistessphäre des Schlafs mit; und mithilfe dessen, was er im Schlaf in der Geistessphäre erlebt, arbeitet er an seiner Körperlichkeit, mit welcher er in seinem wachen Leben auf Erden lebt. Aber in dieser Pendelbewegung befindet sich auch der Punkt der Veränderung im wachen Erdenleben. An diesem Wendepunkt, von dem aus die Aufgabe der Geisteswissenschaft sich erfüllen könnte, indem sie zu einer Bewusstseinserweiterung führt, kann der Mensch heute in Freiheit aus dem Teufelskreis des materialistischen Denkens ausbrechen und in sich eine Erkenntnisbasis begründen, deren Auswirkungen alle Lebensebenen bis auf die körperliche Ebene hinab durchdringt.

Um aber das Verhältnis zwischen den bakteriellen und ähnlichen Geschöpfen einerseits und dem materialistischen Denken andererseits zu verstehen, müssen wir uns zunächst fragen, was das eigentlich für Geschöpfe sind, und zwar von einem geisteswissenschaftlichen Blickpunkt aus:

> Wenn wir draußen in der Natur die Luft erfüllt finden mit Vogelgattungen aller Art, das Wasser mit Fischen, wenn wir verfolgen dasjenige, was kriecht über die Erde, was sich auf ihr tummelt und so den äußeren Sinnen zeigt, was da lebt in der Natur, da haben wir es zu tun mit Wesenheiten, von denen wir eigentlich durchaus ganz richtig sprechen, wenn wir sagen: Sie sind doch in irgendeiner Form, selbst dann, wenn sie da oder dort schädlich eingreifen in die Naturwirkungen, sie sind doch Geschöpfe der sich fortentwickelnden Gottheit. In dem Augenblick aber, wo wir auf diejenigen Wesen kommen, die den Wohnplatz ihres Wirkens in anderen lebenden Wesen haben, in Pflanzen, Tieren oder Menschen, da haben wir es zu tun, insbesondere wenn es sich handelt um

> bazillenähnliche Geschöpfe, die im tierischen oder menschlichen Leibe, namentlich die im menschlichen Leibe sind, da haben wir es allerdings auch zu tun mit Geschöpfen von geistigen Wesenheiten, aber mit Geschöpfen Ahrimans.[139]

In Bezug auf die Naturwelt – Pflanzen, Fische, Säugetiere usw. – spricht Steiner also von Geschöpfen, die mit den hierarchischen Wesen zusammenhängen, d.h. mit jenen Wesen, die sich in einem progressiven Entwicklungsprozess befinden. Wenn Steiner von bakterienähnlichen Geschöpfen spricht, die für ihre eigene Existenz auf einen anderen Körper angewiesen sind, handelt es sich um Geschöpfe, die nicht direkt mit der göttlichen Evolution zusammenhängen. Vielmehr unterliegen sie dem Wirken Ahrimans. Wenn wir diesen Gedanken auf das Virus anwenden, wird deutlich: Im Prinzip sind es genetische Codes, die sich an einer anderen Zelle festhalten und deren Funktionsweise zu ändern versuchen. Das heißt: Das Virus ist keine lebende Zelle im vollen Sinne, sondern eine Art Betriebssystem, das die Funktion des Organismus zu seinen Gunsten ändert.

Die lebende Zelle besteht aus einem strukturellen Mittelpunkt und einem vitalen Umkreis. Der Mittelpunkt trägt die DNA, den Code, und hängt auch mit der RNA zusammen, den spezifischen, der Zelle entnommenen Abfolgen. Das bedeutet, dass **der Mittelpunkt – die DNA – eine Tendenz aufweist, die mit einer Art «steuerndem Bewusstsein»** zusammenhängt. Der entgegengesetzte Pol, nämlich **der Umkreis der Zelle, wo die Bau- und Stoffwechselprozesse stattfinden, hat eine Tendenz zum «Willenshaften»**. Das Virus betont den Mittelpunkt, d.h. es ist ein Betriebssystem ohne aktive Triebkraft (im Gegensatz zur Bakterie, die gewissermaßen bereits ein Lebewesen ist). Darum sind die Viren auf einen Wirt angewiesen, um wirken zu können. Sie halten sich an ihm fest und

139 Ebd., S. 48–49.

ersetzen das Betriebssystem seiner Zellen. Dennoch hat der Mensch eine zentrale Rolle bei der Förderung des Wirkungsvermögens jener Viren. Und an dieser Stelle kommt Steiner zur entscheidenden Sache:

> Und richtig betrachtet man die Anwesenheit solcher Geschöpfe innerhalb unserer Welt, wenn man sich klar darüber ist, daß alle diese Wesenheiten zusammenhängen mit geistigen Tatsachen, mit den Beziehungen des Menschen zu Ahriman. Und diese Beziehungen des Menschen zu Ahriman werden hergestellt, wie wir wissen, durch materialistische Gesinnung oder rein egoistische Furchtzustände.[140]

Was diesen Wesen die Entwicklung ermöglicht – und hier bespricht Steiner das Eigentliche –, sind **die Beziehungen des Menschen zu Ahriman.** In diesem Abstand bzw. Raum entsteht für diese Wesen die Möglichkeit zur Fortentwicklung. Die bakterienähnlichen Lebewesen sind zwar Geschöpfe Ahrimans, aber ihr Habitat ist eine Folge der Beziehungen des Menschen zu Ahriman. Genau an dieser Stelle begegnet uns die ausschließliche Verantwortung des Menschen für sein Leben: **Was im menschlichen Bewusstsein als eine materialistische Weltanschauung lebt, kommt von außen als eine virale Pandemie wieder auf den Menschen zurück.** Hierbei spielen auch «rein egoistische Furchtzustände» ihre Rolle in ihrem Zusammenhang mit dem Ahrimanischen. Es besteht in der menschlichen Seele eine grundlegende, uralte Angst vor der Endlichkeit der Existenz. Die Angst vor dem Tode. Wir halten uns an der Endlichkeit fest und haben Angst vor ihren Folgen. Die Angst vor dem Tod ist in Wahrheit die Angst vor dem Geist, d.h. letztendlich die Angst vor Umwandlung. Diese Angst, die das Ergebnis von Ahrimans Tätigkeit in der Seele des Menschen ist, wird durch die materialistische Auffassung noch verstärkt. Dieser Geisteszustand kommt wie gesagt im

140 Ebd., S. 49.

physischen Körper einschließlich Gesundheit und Erkrankung zum Ausdruck.

Atempandemie und der Impuls des Lichtatems

Aus den Symptomen der Krankheit müssen wir lernen, was sie uns sagen will. Wenn man über Krankheiten spricht, geht es meist nur um die Symptome. Das geht beispielsweise aus Steiners Beschreibungen in den «Offenbarungen des Karma» hervor. Aber wenn die Wurzel des Problems in irgendeiner Einseitigkeit liegt, die im Menschen in der Sphäre des astralischen Leibes sowie im Ich entstanden ist, z.B. in einer übermäßigen Tendenz zum Leidenschaftselement, dann fällt es dem Menschen schwer, von sich aus zur Korrektur zu gelangen. Dafür muss ihm irgendetwas begegnen, was ihm die in ihm entstandene Einseitigkeit widerspiegeln kann. Hier gilt das Karmagesetz: Was vom astralischen Leib durch die Vermittlung des Lebensleibes herabsteigt, wird zu einem Symptom und als Krankheit im physischen Körper externalisiert. Nun kann es von «unten» zum Menschen zurückkommen, d.h. von der körperlichen Sphäre aus als eine Tatsache, die der Mensch nicht mehr übersehen kann und die ihn zur Veränderung treibt. Deshalb bedeutet Krankheit (als Symptom) den Anfang der Heilung. Die Krankheit (als Wirklichkeit) liegt ursprünglich woanders, nämlich in jener Einseitigkeit, die in der seelischen Sphäre entstanden ist. So erlaubt uns die Krankheit bewusst oder unbewusst jene Neigungen auszugleichen, die in uns ein gewisses Maß an Einseitigkeit überschritten haben.

Gewissermaßen spielt es jedoch keine Rolle, ob der Impuls zur Veränderung vom Körper oder von außen als Pandemie oder als ein anderer Schicksalsschlag ausgeht. Neben der Krankheit treten oft auch Schmerzen auf und sie sind es, was den Menschen dazu zwingt, aufzuwachen, einen Schritt zu machen, sich zu verändern. Vieles wird von uns weggenommen, aber was uns wirklich gehört, kann uns nicht genommen werden. Auch der innere menschliche Kontakt zu einem anderen Menschen kann uns nicht genommen werden. Und genau hier kommen wir wieder auf den Schwellenübergangsimpuls und das Wiederkunftsereignis: Nehme ich den Anderen oder das Andere wirklich an und in mich auf? An dieser Stelle taucht die zentrale Frage auf: Worauf weist die Krankheit hin?

Es ist auffällig, dass die Corona-Pandemie mit dem **Atem** und der **Atmung** zu tun hat und das Atmungssystem angreift. Die meisten Todesfälle hängen eindeutig mit dem Atem zusammen. Das heißt: Es ist ein autoimmunes Phänomen, das die Lungenfunktion beschädigt.

Wenn wir nun diese Tatsache auf jenen 17. November beziehen, mit dem wir diese Betrachtung begonnen haben, kommen wir auf das Schwellenübergangsgeschehen am Anfang des Jahrhunderts und auf den neuen Michael-Impuls; über dessen weiteren Pulsschlag kommen wir auf das Zentralereignis jenes Schwellenübergangs, das Wiederkunftsereignis. Unser Blick richtet sich mithin auf die sich öffnende Lebenssphäre und den Lichtatemimpuls. Der tiefe Impuls des 17. November ist der Lichtatemimpuls: die Fähigkeit, den Mittelpunkt zu durchqueren und den Anderen als einen Aspekt meines Ich zu erleben.[141]

Der 17. November, der Geburtstag der modernen Geisteswissenschaft, hängt hinsichtlich seiner Verortung im Jahreslauf mit der «Skorpionschwelle» zusammen.[142] Die hier auftauchende Wesensgeste ist ein Aufruf, in die Tiefen der Dunkelheit und Kälte hineinzusteigen, d. h. in die nicht umgewandelten Tiefen unseres Selbst einzutauchen. Es handelt sich um einen Hinweis auf die tiefste und schwierigste innere Arbeit als Grundlage für die Umwandlungs- und Heilungsarbeit auf der Erde. Der Lichtatem trägt uns mit einem all-

---

141 Dementsprechend weist der autoimmune Charakter dieser Krankheit auf das Anti-Ich-Element.

142 Friederich, Goelzer, Falter und Blüte (Anm. 85), S. 203.

umfassenden Liebespulsschlag und verleiht uns die Kraft, die heutigen Schwellen des Todes und des Bösen zu überschreiten. Darauf sollen wir heute unseren Blick richten.

In einem Vers aus den Schriften von Mara Friederich, der in dem Buch *Alpha und Omega* zitiert wird, können wir gewissermaßen den Kern der Christus-Tätigkeit in unserer Zeit finden:

Du atmest ja die Luft der Erde nicht allein: Lichtatem –
erst in ihm vermag der Mensch ganz zu leben, in ihm erst blühen
alle Gaben auf, die von oben euch geschenkt sind, und alle Kräfte
regen sich in ihm, die euch heben und himmelwärts tragen.
Licht einatmen: das sollte der Menschen erstes Verlangen
und Beginnen sein. Denn Licht ist Gott, und Gott ist
das Licht, und alles Leben liegt in ihm begründet, alle Kraft
und alle Weisheit, Heiligkeit und Ewigkeit. Göttliches Leben
ist unermesslich, unwägbar und unendlich, und wer in Gott lebt,
denkt und fühlt, atmet Licht, und wer im Licht atmet,
erkennt Gott und Göttlichkeit. Kurzer Atem: ohne Gott;
langer Atem ist es, der zum Lichtquell führt.
So trinke nur das Licht aus allen Kelchen in dich ein!
Dreifaltigkeit empfängst du mit ihm, und Geist
von ihrem Geiste segnet dich.[143]

Das Wiederkunftsereignis kann nur dann in der Menschheit geboren werden, wenn die Menschen es in sich gebären. Das widerspricht natürlich nicht der Tatsache, dass es hier zeitgleich auch um ein geistiges, übersinnliches Geschehen in einer bestimmten Sphäre geht. Aber solange wir es draußen suchen, ist das Eigentliche noch nicht verstanden worden. Darum heißt es hier: «So trinke nur das Licht aus allen Kelchen in dich ein!» Wir müssen im Lichte atmen lernen und das ist die große Lektion. Aber wenn der Impuls, der in der Menschheit als **Lichtatem,** als **schöpferisch-erlebend-den-**

143 Goelzer, Alpha und Omega (siehe Anm. 37), S. 40.

kender Herzschlag erscheinen möchte, nicht erwachen kann, dann erscheint sein Schattenbild in der irdischen Sphäre als sein Gegenteil, als eine Art **Atemnot,** als **Atempandemie.** Um sie zu überwinden, müssen wir die Einseitigkeit verstehen, die uns auf die hinter ihr stehende Ganzheit hinweist.

Das Ereignis des Schwellenübergangs wird fast nur noch unter seinen äußeren Aspekten begriffen. Die Wirklichkeit des Welten-Menschen-Wesens liegt heute offen vor uns und wir befinden uns überall in ihr. Nichtsdestotrotz drückt sie sich normalerweise nur auf den Gebieten der Medien, der Wirtschaft und des Verkehrs aus. Denn auf diesen Gebieten sind die geographischen Grenzen bereits überschritten. Die Freizügigkeit von Produkten und Informationen umfasst in diesem Sinne bereits die ganze Welt. Aber die aufgrund des heutigen Schwellenübergangsgeschehens gebotene Bewusstseinsumwandlung hat kaum begonnen. **Insgesamt schläft die Menschheit noch während der geistigen Wende, die sie selbst durchmacht.**

Mega-Medien-Corona

Die Rolle der Medien beim Corona-Geschehen ist nicht weniger bedeutend als die Pandemie selbst. Wie bei einem Großteil der Ereignisse in den letzten Jahrzehnten erscheint sie als untrennbarer Teil des eigentlichen Ereignisses. Im Sinne der damit einhergehenden informativen und bildlichen Überschwemmung haben die Medien durch ihre innere Affinität eine zentrale Bedeutung für das Verständnis des Geschehens.[144]

144 China ist das Land, von dem die Corona-Pandemie ausgeht; der nächste große Ausbruch findet in Italien statt. Die Italiener sind diejenigen, die China in den Westen brachten. Marco Polo brachte aus China etliche Produkte mit, darunter den Druck und das Feuerwerk (welches im Westen zu Dynamit, Bomben und Raketen wurde). Der Druck in seiner Rohform ist eine chinesische Erfindung, die später im Westen weiterentwickelt wurde. Den Computer können wir ohne den Druck nicht verstehen. Mit Gutenbergs Erfindung der ersten Druckmaschine wurden auch die Medien geboren.

Die hinter den Medien stehende elektronische Welt ist vom geistigen Gesichtspunkt aus gesehen gestorbener Intellekt. Steiner beschreibt drei untersinnliche Elemente: das elektronische, das magnetische und ein drittes Element, welches nach Steiner in der Zukunft erscheinen sollte (der Zusammenhang legt nahe, dass es sich um das atomare Element handelt).[145] Das magnetische Element ist die untersinnliche Projektion der Umwandlungssphäre des Lebensgeistes und das atomare Element ist die Schattenprojektion der Tätigkeit des schöpferischen Willens des Geistesmenschen. Das elektronische Element ist eigentlich die untersinnliche Widerspiegelung des Geistselbst, d. h. der denkenden Lichttätigkeit. In diesem Sinne ist Strom gestorbenes bzw. von der ahrimanischen Tätigkeit gefesseltes Licht, aber als solches hängt es mit dem Bewusstsein zusammen und erschafft Bewusstsein.

Das Virus ist, wie gesagt, eine Art Betriebscode, d.h. es ist auf den Mittelpunktpol der Zelle bezogen, welche eine bewusstseinsstrukturelle Tendenz aufweist. Auch die hinter den Medien stehende, elektronische Sphäre hängt mit dem Bewusstseinspol zusammen. Sowohl sie als auch das Virus sind Ergebnisse biologischer und physikalischer ahrimanischer Tötungstätigkeit am Lichtpol. **Es findet hier folglich ein Mehrfachangriff auf den Impuls des Lichtatems statt, und zwar als ein Aufruf, sich dessen bewusst zu werden.** Das Corona-Virus greift den Atem an, während das elektronisch-mediale Element das Licht angreift.

Die Zukunft der Menschheit einschließlich ihres körperlichen Gesundheitszustandes hängt von den Gedanken ab, die die Menschen pflegen. Darum ist es wichtig, dass die Geisteswissenschaft sich über die Welt ausbreitet und immer mehr Menschen erreicht, damit sie geistreiche Gedanken in den Schlaf mitnehmen. Dies wird die Weichen für die Zukunft stellen bis in den Bereich von Gesundheit und Krankheit.

---

145 Steiner, GA 130 (siehe Anm. 44), Vortrag vom 1.10.1911, S. 95.

In der Parzival-Geschichte wird auf diese Bedeutung hingewiesen: Auf seiner Reise erreicht Parzival die Gralsburg. Zunächst scheitert er zwar bei der Stellung der erlösenden Frage an den verwundeten Gralskönig, aber bei dem Mysterienritual, an dem er teilnimmt, wird ihm symbolisch das Bild des kosmisch-geistigen Wesens des Menschen gezeigt. In sein Herz wird ein geistiges Bild gepflanzt, das in den kommenden Jahren in ihm weiterwirkt und zur Frage der heilenden Teilnahme heranreift.

Durch das oben Ausgeführte entstehen zwei Bilder. Das eine ist das Ergebnis der Verinnerlichung eines materialistischen Bewusstseins; es ist eine materialistische, irdische Auffassung, die beim Abstieg auf die körperliche Ebene zu Krankheiten führt. Das andere Bild ist das Ergebnis der Verinnerlichung geistiger Erkenntnisse, die zu geistigen Bildern heranreifen, welche wiederum in der Willenssphäre zu einem heilenden Impuls werden.

3. Zukunftskeime und gegenwärtige Schwellen

Im Laufe seiner Reise gelangt Parzival in der Gralsburg an, wo der verwundete König Anfortas liegt. Parzival soll ihm die erlösende Frage stellen. Jedoch nimmt die Geschichte eine ganz andere Wendung. Er nimmt den Gralskult wahr, wo ihm ein symbolisches, kosmisch-menschliches Ereignis vorgestellt wird – das Bild des Menschen-Welten-Wesens mit dem Gral im Mittelpunkt. Dieses Ereignis legt sich wie ein Keim in seine Seele hinein. Eine gewaltige innere Spannung regt sich in Parzival währenddessen, weil er im Lichte des Kultus auch die Wunde des Anfortas erlebt; das heißt, auf der einen Seite wird ihm im Gralsbild all das vorgestellt, was die Seele in Zukunft werden kann, auf der anderen Seite aber, durch Anfortas Wunde, all das, was sie mit sich als unerlöste Vergangenheit mitbringt. Parzival gelingt es nicht zu erwachen, um die Frage zu stellen. Er geht auf eine lange Wanderung, um in ihm die Kräfte reifen zu lassen, die ihm ermöglichen werden, zurückzukehren und die Frage dennoch zu stellen, diesmal aber ganz bewusst und aus voller Freiheit. Es stellt sich hier eine gravierende Frage: Kann es sein, dass das Versagen eine wichtige Rolle in unserem Leben hat? In der Einleitung zum Buch *Falter und Blüte* schreibt Goelzer:

> Krisen sind Wegweiser zum Erwachen, und zwar zunächst zum Erwachen für das Gewesene. Wie die Wandelsterne für unsere Anschauung in der Rückläufigkeit Schleifen und Wendungen vollziehen, so strebt der Mensch aus seinem tieferen Wesen heraus nach Rückbesinnung auf dasjenige, an dem er nichtachtend, schlafend vorübergegangen ist. Denn da der Lebensweg nichts anderes ist als das zeitlich ausgezogene eigene Wesenssein, ist das auf dem Wege links Liegengelassene stets auch ein Teil des eigenen Selbst, und der Versuch weiterzukommen, ohne das verborgen Fortwir-

kende ins Bewusstsein heraufzuheben, droht den Menschen entzweizureißen.[146]

Es ergibt sich hier eine große Schleifenbewegung. Wir schreiten auf dem Weg fort, immer in einem Bewusstseinszustand, der zunächst nicht imstande ist, gänzlich dasjenige zu erfassen, was auf diesem Weg liegt, das heißt, in unserem Willen lebt. Wir lassen ganze Wegstücke hinter uns, die nicht in unser Bewusstsein aufsteigen. Irgendwann fangen diese unbearbeiteten Teile an, sich bemerkbar zu machen, damit wir sie durcharbeiten können, um letztendlich vorwärtszukommen und dasjenige, was in unserem Willen lebt, zu verwirklichen.

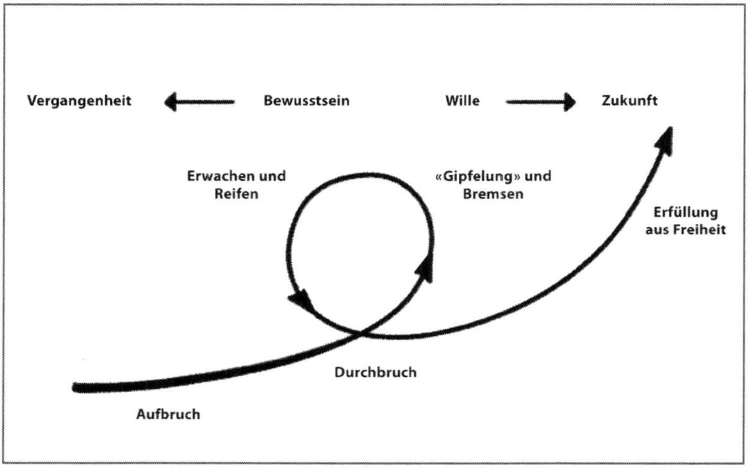

Abbildung 4

146 Friederich, Goelzer, Falter und Blüte (siehe Anm. 85), S. 9.

Die Zeit selbst erscheint hier als ein lebendiger Organismus: Auf der einen Seite eine Bewegung in die Zukunft hinein, das heißt – all das, was werden kann; und auf der anderen Seite der Vergangenheitspol – alles Gewordene. Die Zukunft sollen wir in dieser Hinsicht als Samenkorn, als Keim, die Vergangenheit als ein fertig Abgeschlossenes ansehen; eine Art Umkehrung ergibt sich: Der Keim liegt hier in der Zukunft, während sich die Vergangenheit zur Frucht verdichtet und abschließt. Und wo befindet sich die Gegenwart? Sie ist durch Aktivität und Präsenz gegenwärtig. Ich bin in dem, was es jetzt gibt, und die Gegenwart entsteht aus dieser aktiven Präsenz heraus.

Rudolf Steiner beschreibt das Wesen der Zeit als eine zwischen zwei Strömen entstehende Bewegung: Der eine Strom bewegt sich aus der Vergangenheit in die Zukunft, der andere strömt von der Zukunft in die Vergangenheit. Erst wenn man darüber in dieser Weise zu denken anfängt, bekommt die Entwicklungs- bzw. die Zeitfrage ihren richtigen Zusammenhang. Denkt man an die Zeit als einen einzigen, aus der Vergangenheit in die Zukunft strömenden Strom, gelangt man in eine Abstraktion hinein; alles Zukünftiges muss dann als Zufälliges erfasst werden. Und denken wir an eine aus der Zukunft kommende Bewegung als an eine Wirklichkeit, beginnen sich die Verhältnisse umzukehren. Denn als Parzival beim ersten Mal versagt, die Frage zu stellen, liegt die Gelegenheit, die Frage wahrlich und frei ein zweites Mal zu stellen, als Samenkorn schon in ihm. Aber um dies tun zu können, muss er zuerst versagen.

Heißt das, dass wir das Scheitern und Abstürzen im Leben immer wieder aktiv aufsuchen sollten, um daran zu wachsen und weiterzukommen? Um einer Antwort näherzukommen, gilt es, das Bild dynamisch von beiden Seiten zu betrachten.

An die Zukunft sind wir durch unseren Willen gebunden, unser Wille lebt in der Zukunft; seine Bewegung ist diejenige, die nach Erfüllung und Verwirklichung strebt. Mit der Vergangenheit sind wir dagegen durch unser Bewusstsein verbunden.

Wir müssen die Vergangenheit in unser Bewusstsein heben, um dadurch die Zukunft mittels unseres Willens erfüllen zu können. Und in der Mitte liegt jener Gegenwartsaugenblick, der mit dem Verwandlungsmysterium verbunden ist. Auf diese Weise gesehen, können wir sagen: **Unser Zukunftswesen verlangt von uns, zurückzukehren und für unsere Vergangenheit die volle Verantwortung zu übernehmen, um unser Zukunftswesen zu verwirklichen.** Unser unendliches Wesen bremst sozusagen den aus der Vergangenheit kommenden Strom und weist ihn in sich selbst zurück, damit wir beim Durchgang durch die umwandelnde Gegenwart alles nach Verwandlung in uns Rufende tatsächlich auch verwandeln und uns mit diesem unseren unendlichen Wesen vereinen können. Wenn ich, um mein Zukunftswesen zu erlangen und mich mit ihm zu vereinen, auf dem Weg fallen und scheitern muss, was soll dann meine Einstellung diesem Wege gegenüber in der Gegenwart sein? Soll ich den Absturz suchen? Auf diesen Moment bezieht sich Rudolf Steiner im vierten Mysteriendrama:

> Es darf die Seele niemals stürzen wollen;
> Doch muss sie Weisheit aus dem Sturze holen.[147]

Das heißt, auf die Zukunft geblickt muss die Seele sich immer wieder zum Höchsten heraufringen; findet aber der Fall doch statt, kehrt sich die Sache um: Ich betrachte ihn als ein Vergangenes und muss danach streben, ihn durch meine bewusste Aktivität zum Guten umzuwandeln. Im Grunde genommen nur aus dem Gesichtspunkt der Zukunft heraus sind wir imstande, das Böse als einen notwendigen Widerstand innerhalb der Entwicklung zu erfassen. Ohne das erweckende Bremsen des Bösen wäre die Geburt einer Freiheit nicht möglich.

---

147 Rudolf Steiner, Mysteriendramen, GA 14, Dornach 1998, S. 490.

Das Feuer des Geistes

Ähnliche Vorgänge kann man auch aus einer weiteren Perspektive in Bezug auf die Weltentwicklung entdecken. Wir bemerken etwas wie ein Samenkorn, das in der einen Kulturepoche gelegt in der nächsten Kulturepoche keimt. Das, was als Samenkorn innerhalb der indischen Kulturepoche gelegt wurde, wird – verinnerlicht und umgewandelt – zum Keim der persischen Kulturepoche usw. Dieser metamorphosierende Strom wird laut Steiner durch die fortgeschrittenen Hierarchien geführt. Um das zu verwirklichen aber, benötigten die Menschen die Hilfe von Seiten Luzifer und Ahriman. Es ist also wichtig zu unterscheiden zwischen dem, was als geistig-kultureller Keim gelegt wird, der aus jenem fortschreitenden Strom der Metamorphose kommt, und dem Impuls, der den Kämpfer, den Künstler oder den Führer, in Ehrgeiz nach Erfolg und Ruhm, auf luziferische Art motiviert und begeistert. Alles aber, was luziferisch aufsteigt, wird laut Steiner durch die entgegengesetzte Macht zur Vernichtung verurteilt:

> Es ist die Weltentwickelung der Menschen ein fortwährendes Wirken zwischen Ahriman und Luzifer. Wirkte Luzifer nicht in der Menschheit, so fehlte der Eifer und das Feuer für den fortlaufenden Strom der Menschheitsentwickelung; wäre Ahriman nicht da, der von Volk zu Volk wieder zerstört, was nicht aus dem fortlaufenden Strom, sondern nur aus dem luziferischen Einschlag kommt, dann würde Luzifer die Einzelkulturen ewig fortführen wollen.[148]

Von Luzifer allein inspiriert, würden wir auf einen immerwährenden Gipfel geführt werden; die Metamorphose aber, jener von Steiner als den «sich weiter ziehenden Strom» bezeichnet, wäre dann unmöglich und die Entwicklung würde aufhören. Deshalb braucht es die Gegenmacht Ahrimans, der alles, was Luzifer aufgebaut hat, ihm wegnimmt und zerstört, damit der

148 Steiner, Die Offenbarungen des Karma (siehe Anm. 133), S. 214.

innere Kern der Entwicklung wieder zur Erscheinung kommen kann. Das ist also der Grund, weshalb Zivilisationen erscheinen und wieder vergehen. **Nur eine kleine Essenz der vorherigen Zivilisation bleibt und geht in die nächste über, wird zum Keim des Kommenden.** Auf diese Art empfängt die griechische Kunst zumindest teilweise ihren Keim aus der ägyptischen Kunst. Der luziferische Aufstieg führt zwangsläufig zum ahrimanischen Sturz: «Ahriman ist die karmische Erfüllung des Luzifer»,[149] so Steiner. Und damit hängt noch etwas anderes zusammen:

> Und außerdem war notwendig [...], daß die Völker, wie sie die einzelnen aufeinanderfolgenden Kultureinschläge entwickelten, immer in einer Art Illusion lebten – in der Illusion, daß jedes solches Volk gerade den Kulturschatz, den es selbst auszuarbeiten hatte, als etwas Ewiges und Unvergängliches betrachtete, was nimmer mehr von ihm genommen werden könnte. Dadurch erst war das hingebungsvolle Arbeiten der einzelnen Völker an der Kultur möglich, daß diese Illusion immer wieder und wieder auftauchte: daß das, was da geschaffen wurde, mit allem, was daran hing, einen ewigen Bestand haben würde.[150]

Es handelt sich hier um ein erstaunliches Phänomen: Illusion fördert die Entwicklung! Wo immer aber ein Trugbild dieser Art entsteht, muss man auch den darauffolgenden Sturz unvermeidlich erfahren. Steiner äußert sich in diesem Zusammenhang zu der Enttäuschung Luzifers, wie sein Schaffen jedes Mal aus seinen Händen gerissen wird.[151] Dergleichen geschieht auch mit Ahriman: sobald er den Impuls Luzifers übernimmt, meint er, er könne ihn für sich selbst behalten, während seine eigene zerstörende Tätigkeit ihn davon immer wieder abhält.

---

149 Ebd., S. 214.
150 Ebd., S. 210.
151 Ebd., S. 218.

Diese Entwicklung ist nicht ohne Bedeutung: Von Epoche zu Epoche werden wir erleben, wie die ahrimanisch-luziferische Tätigkeit zunehmen wird. Daraus ergibt sich eine gravierende Frage: Ob wir für den Aufbau einer neuen Kultur aus den egoistischen luziferischen Impulsen getrieben werden müssen, die unser Schaffen in illusionärer Begeisterung motivieren, um dann immer wieder in Ahrimans Hände zu fallen? Wo liegt der neue Ansatzpunkt für unsere Arbeit, aus der sich eine neue Kultur entwickeln kann? Diese Frage steht im Herzen aller anthroposophischen Bemühung und wird zu einer großen Herausforderung und zum Ausgangspunkt jeder aus dem Geiste schaffenden zukünftigen Tätigkeit. Rudolf Steiner dazu:

> Denn das erste Gebiet menschlichen Geisteslebens, wo gründlich solche Illusionen nicht mehr erwachen werden, das wird das theosophische [bzw. das anthroposophische, Anm. d. Verf.] Geistesleben sein. Denn es wäre ein arges Missverständnis, wenn jemand, der fest auf dem Boden unserer Geistesbewegung steht, glauben wollte, dass die Formen, in welche wir unsere Erkenntnisse gießen, dass die Gedankenausführungen, die wir heute geben können, [...] einen ewigen Bestand hätten. [...] Und Liebe und Weisheit werden die praktische Kraft sein, der eigentliche Lebensimpuls, der sich aus der theosophischen [bzw. anthroposophischen, Anm. d. Verf.] Weltanschauung ergeben soll und ergeben wird. [...] Wir wollen uns gern und mit Liebe einer theosophischen [bzw. anthroposophischen, Anm. d. Verf.] Kultur hingeben, die nicht ewig sein wird. Aber wir wollen es mit Enthusiasmus hinnehmen und mit Liebe das schaffen, wozu wir früher unter dem Einfluss Luzifers getrieben worden sind.[152]

Wir befinden uns in dem Moment (der Weltentwicklung), in dem wir unsere Arbeit aus einer neuen Quelle heraus schöpfen müssen. Nicht mehr aus der Begeisterung für unsere kulturelle Entwicklung, die sich auf dem illusionären Glauben von

---

152 Ebd., S. 211 f.

der Ewigkeit der «Gedankenausführungen» gründet, sondern aus der reinen Begeisterung für die spirituelle Arbeit, für das gemeinsame geistige Tun, das auf dem Weg der Verwandlung immer mit dem Geist-Werdenden verbunden ist. Wir müssen unseren Blick auf den tatsächlichen Keim richten, den es in dieser Zeit vorzubereiten gilt, und nicht auf die sich verändernden Wirkungsformen. Bis jetzt haben wir unser «Pferd» deutlich vor Augen gehabt und wir sind darauf sicher geritten, jetzt aber müssen wir dieses «Pferd» wechseln. Wir sind aufgerufen, diesen Verwandlungsprozess «illusionsfrei» und im Bewusstsein der in uns wesenden Widersacher zu vollziehen. Luzifer und Ahriman bekommen in dieser Hinsicht eine neue Aufgabe: aus dem für das Erschaffen Begeisterung und Impulse Gebenden (Luzifer) und dem veraltete Kultur Zerstörenden (Ahriman), **werden diese Wesen zur Substanz des inneren Widerstands, durch den die Seele in der Verwandlung wachsen kann.**

Wir sind heute im Moment des Schwellenübergangs, der uns den festen Boden, auf dem wir stehen, wegreißt. Die Begeisterung, die die Menschen in vergangenen Zeiten zum kulturellen Schaffen getrieben hat, soll jetzt durch eine Arbeit aus einer bewussten Perspektive der Entwicklung umgesetzt werden, die aus einer aktuellen geisteswissenschaftlichen Forschung geboren werden kann. Und gerade das Wackeligwerden der alten Stützen ist es, das die Geburt einer neuen Aktivitätsquelle in der menschlichen Seele in unserer Zeit ermöglicht. Dieses Ereignis des Schwellenübergangs, in dessen Mittelpunkt das Wiederkommen Christi im Ätherischen steht, und von dem Rudolf Steiner als dem zentralen Ereignis unserer Zeit sprach, eröffnet neue Dimensionen für die anthroposophische Arbeit. Was vorher von außen, als Karma gestaltende Kraft gewirkt hat, kann und soll jetzt von innen betätigt werden. Und sobald der Mensch anfängt, aus seinem Mittelpunkt heraus, in einem Prozess der gemeinsamen Arbeit für das Erschaffen einer neuen Gemeinschaft und einer neuen Zivilisation aktiv zu sein

– in diesem Moment wird der Christus, als das Wesen des «Ich-Bin», zum Herrn des Karma.

Das ist der Kern der Entwicklung im Zeitalter der Bewusstseinsseele, aus welcher die sechste Epoche sich allmählich entwickeln wird. Man kann sagen, dass wir auf jener Schwelle stehen, die es uns ermöglicht oder uns auffordert, aus unserem eigenen Zukunftswesen heraus zurück und nach innen zu gehen und die Verantwortung für die ganze erste Hälfte der Entwicklung zu übernehmen, die in vielerlei Hinsicht durch die Wirkung von Luzifer und Ahriman angetrieben wurde. Um den nächsten Schritt machen zu können, müssen wir sie in einer zunächst rückwärtsgewandten Schleifenbewegung mitnehmen, damit wir sie durchbrechen und aus einer neuen inneren Stellung wirken können. **Das Erschaffen des Neuen trägt die Wesensart des Samens bzw. der Knospe**, also des schöpferischen Sich-Zusammenziehens im Verzicht auf das scheinbar äußerliche Fortschreiten.[153] Erst in der nächsten, der sechsten Kulturepoche werden diejenige Knospen, die wir heute vorzubereiten beginnen, zu vollem Aufblühen kommen können. Die größte Hilfe, die in unserer Zeit gegeben wird, besteht durch jene Schwellenüberschreitung, die wir in einem immer tiefer werdenden Gespräch mit dem Christus-Wesen erfahren. In diesem Zusammenhang weist uns Steiner auf einen zusätzlichen Helfer hin, der mit uns während der gesamten fünften Kulturepoche mitgehen wird:

> Das ist etwas, was in der fünften nachatlantischen Epoche immer mehr und mehr heraufkommen wird: das Bewußtsein, den Tod neben sich hergehen zu sehen. Ich will es noch konkreter beschreiben. Der Mensch wird jenen intimen Feuerprozeß, der mit der Entwickelung der Bewußtseinsseele zusammenhängt, an sich wahrnehmen. […] Und die Art und Weise, wie die Bewußtseinsseele das Materielle und das Ätherische im Menschen verzehrt, ist eine

---

153 Siehe in dieser Beziehung: Veronika Goelzer, Georg Goelzer, Auf der Phoebus-Spur, Der grüne Vogel, Dornach 2018.

> Art intimer Feuerprozeß, ein Verwandlungsprozeß. Das wird der Mensch im Verlauf dieser fünften nachatlantischen Epoche immer mehr und mehr in sich wahrnehmen. [...] Während dieser Epoche verändert der Mensch sein Bewußtsein so, daß er das Arbeiten, das Wirken, das Werk des Todes an sich durchschaut. [...] Er wird den Tod fortwährend als Begleiter um sich haben. [...] In sich die Kräfte ewigen Seelenwachens erweckt zu haben, das bedeutet: den Tod neben sich als einen guten Freund immerfort als Begleiter haben zu können.[154]

Üblicherweise richten wir unsere Aufmerksamkeit bei der Kerze auf die Schönheit der Flamme; wir nehmen nicht wahr, dass etwas da ist, das verbrennt, zerfällt, sich selbst im Verbrennungsprozess aufopfert. **Und in diesem allmählichen Aufopferungsprozess – wir denken an Parzival – wird der Mensch zum Kelch, in den und aus dem der Geist fließen kann.** Die Seele wandelt sich, beim In-sich-selbst-Zurückziehen und Sich-selbst-Verzehren zum Kelch des Fragens um; zur Frage an den Anderen, an Anfortas, an die Welt. So wird Parzival auf der Suche nach dem Gral nach und nach selbst zum Gral.

154 Steiner, GA 346 (siehe Anm. 25), Vortrag vom 8.9.1924, S. 76–80.

Iftach Ben Aharon

Dialog durch das Nichts

Verstummen als Öffnung hin zum Anderen in der Dichtung Paul Celans

Iftach Ben Aharons Buch untersucht das dialogische Element in Paul Celans Poesie im Lichte der Frage nach dem «Nichts». Das Nichts offenbart sich hier in zwei polaren Aspekten: im Pol der Zerstörung und des Todes als Verneinung des Seins und andererseits im kabbalistischen Sinne als das wahre Sein, als Unendlichkeit. Erst beim Durchgang durch das Nichts fallen die Trennwände, die Schalen, die den Menschen von sich selbst und den Menschen von anderen trennen. Die Rolle des Nichts besteht darin, eine Bewegung auf den anderen zu zu ermöglichen und als solche auch die Grundlage des Gesprächs zu sein.

374 Seiten, kartoniert, ISBN 978-3-7235-1701-7

VERLAG AM GOETHEANUM